1日1分！夢が叶うメカニズム

幸せ脳のレシピ

人生を幸せにデザインできる
幸せ脳の作り方

野元 美沙 著

Clover
クローバー出版

こんなに簡単に幸せになっていいの!?

幸せになるためには、ある〝コツ〟を身につければ
とても簡単です。

難しい勉強や、特別なスキルは一切不要。
誰でも実践できる革新的な方法です。

「幸せ脳」を手に入れて、あなたらしい望み通りの
未来にワープしちゃいましょう♡

はじめに　～幸せの青い鳥はすぐそこにいる～

あなたは今、あなたらしく幸せに生きていますか？
理想や目標に向かって、歩めていますか？

こう聞かれて、すぐに「はい」と答えられる人は少ないかもしれません。今の時代は、経済の停滞や戦争、災害、そして感染症……見えないストレスや将来への不安が、日々積み重なっていますよね。

「幸せになりたい。でも、どうすればいいの？」
「そもそも本当にしたいことって、何だろう……」

そう感じて自分を見つめ直しても、答えが見つからず、悩みが深くなるばかり
……そんなふうに感じていませんか？

7年前までの私も、そんな気持ちと隣り合わせでいました。理想と現実のギャップ、仕事のプレッシャー、さらには婚約破棄。思い通りにならない現実が次々と押し寄せてきました。

「このままでいいのだろうか……私の幸せはどこにあるの？」

そんな漠然とした未来への不安と、いつも向き合っていました。

幸せを探し求めて、いろいろな場所を旅しました。旅先で一時的に気が紛れても、家に戻るとまた自分探しと、幸せ探しの毎日。

そんな時、禅の師匠ご夫妻からファスティング合宿にお誘いいただきました。その合宿で、思いがけず数秘術と出逢ったのです。ファスティングが目的で来たのに、いつの間にか数秘術の魅力に夢中になっていました。

数秘術の鑑定書は、私の取扱説明書であり、いわば人生の地図でした。

そこには私の性格や魂の本質、人からどう見られるか、そして生まれてきた使命や役割が記されていました。それを知ることで、私の生き方の指針が明確になったのです。人生の地図を手に入れた瞬間、魂レベルで震えるような感動を味わうことができました。

はじめまして。日本数秘セラピスト協会代表理事の野元美沙です。

私の使命は、自分らしく幸せに生きる仲間を増やし、地球を愛と喜びに溢れる楽園にすること。そんな想いから、セッションやセラピスト養成講座を通じて、夢を叶える人を応援する活動をしています。

私のセッションは、数秘術、量子力学、ヒプノセラピーを融合させています。それぞれの手法は心と魂の深い部分に働きかけ、内なる力を引き出す鍵となります。

数秘術は、あなたの本質や使命、人生の目的を明確にし、未来をクリアにします。**量子力学**を活用すると、心の状態を整えて、現実を思い通りに作り出すことができます。そして**ヒプノセラピー**は、過去のトラウマを癒やし、潜在意識を書き換えて、本来のあなたを取り戻す手助けをしてくれます。

数秘術やヒプノセラピーと聞くと、ちょっと遠い世界の話に感じるかもしれませんが、これらは「あなたらしい本当の幸せ」を見つけるための最高のツールです。そして、すべてをうまく活用するには「幸せを受け取るためのマインドセット」が必要になります。

この本では「幸せを受け取るためのマインドセット」と、毎日をもっと楽しく豊かにする「幸せ脳」を手に入れる方法、そして「幸せ脳」を育てるツールをお伝えしていきます。

では「幸せ脳」を手に入れたら、どんなことが起こるのでしょうか？

家族との絆が深まり、娘も第一志望の大学に合格しました。

悩んでいた職場環境も、苦手な上司の異動で一気に改善されました。

母との関係が劇的に良好になり、心の重荷が軽くなりました。

3カ月先まで予約が取れない人気セラピストとして活躍できています。

年収が大幅に増え、桁が変わるほどの結果を得ることができました。

これらは実際に「幸せ脳」を手に入れた方々の喜びの声です。この「幸せ脳」を手に入れると、仕事での成功、収入アップ、円滑な人間関係など、夢の実現が加速度的に進んでいきます。

私自身もいろいろな幸せの形を探し求めてきました。

この本でご紹介するのは、幸せ迷子になった私だからこそ見つけることができた、「幸せ脳」を手に入れ、育てるレシピです。まずは気に入ったものから実践してみてください。続けていくうちに、あなたオリジナルの「幸せ脳のレシピ」が見えてくることでしょう。

「青い鳥」という童話をご存じですか？

主人公のチルチルとミチルが、幸せを求めてさまざまな旅に出ますが、最後に2人は「幸せはすでに自分の中にある」と気づき、幸せに暮らしたというお話です。

この本が、あなた自身の「青い鳥」に気づくための一歩になりますように。

さあ、一緒に「あなたらしい本当の幸せ」を探す旅に出ることにしましょう。

CONTENTS

目次

CONTENTS

CONTENTS

CONTENTS

CONTENTS

『幸せ脳のレシピ』をより理解するためのSummary《サマリー》

「幸せ脳のレシピ」を手に取っていただき、ありがとうございます！
本書を読み進めていただく前に、こちらのページで本書の内容をざっくりご理解いただくと、
より理解が進むこと間違いなしです。

幸せ脳ってどんな脳？

- 何をしていてもどんな時も、楽しい、幸せという感情があなたを満たしてくれている脳
- 落ちこんでも、柳のようにしなやかに幸せな状態に戻ってこられる脳

幸せ脳を育てるとどんな奇跡が起こるの？

- 大小かかわらず、幸せに気づく力がつく
- 脳のRASという機能により、幸せに敏感になれる
- 幸せホルモンがたくさん出て、ますます“幸せループ”に

「幸せ脳」を育てるための“**最強**”ツール

1 量子力学

幸せな現実を作る
仕組みを知るツール

詳しくは P.81～

2 数秘術

あなたの本質や使命、
人生の目的を明確にし、
人生の道標を手に入れるツール

詳しくは P.113 ～

3 ドリームヒプノセラピー®

潜在意識を活用し、
本来のあなたを取り戻し
夢を叶えるためのツール

詳しくは P.141 ～

幸せ脳を手に入れるための

3つのSTEP

\\ アイテム //
量子力学の理論

STEP 1

まずは解剖！

- 幸せに気づく力はどれくらい？
- 「好き」「心地よい」を選ぶレッスンをしよう
- 「幸せ脳」を育てるホルモン、出せている？

詳しくは P.45へ

\\ アイテム //
数秘術で自分を知る！

STEP 2

自分のタイプを知る

- 幸せのニーズはどこにある？
今のあなたにとって大切な幸せのニーズを知る

詳しくは P.22へ

- 数秘術を使って本当の自分を知り、幸せ脳のタイプを知る

詳しくは P.113～

\\ アイテム //
ドリームヒプノセラピー®で習慣化

STEP 3

習慣化する

- 潜在意識にあなたの夢・未来のイメージを落とし込む
- 1日3つずつ「感謝と自分をほめること」
- 脳にいいライフスタイルを意識する

「幸せ脳」を手に入れて
“私の幸せを生きる”
～好きな人と好きな時に好きなことをする～

さあ、あなたも早速、本書を片手に「幸せ脳」を育ててみてください！
そして、幸せに生きていきましょう！

Chapter

1

幸せ脳を解剖する

「幸せ脳」を手に入れるレッスン

私の周りには「幸せ脳」を手に入れた素敵な女性たちがいます。彼女たちは、やりたいことや目標に向かってキラキラと輝いています。常に自然体で、いつだって優しい笑顔を浮かべていて、包み込んでくれるような包容力と存在感があって、そばにいるだけで心がほっこりとあたたかくなります。

とはいえ、彼女たちも最初から「幸せ脳」の持ち主だったわけではありません。彼女たちもまた、幸せになるための数々のレッスンを繰り返し、今の輝きを手に入れたのです。

Chapter1では、まず「幸せ脳」とは何かを解き明かしていきます。さらに「幸せ脳」は、脳科学的にどんな変化を引き起こすのか、そしてその仕組みを探っていきます。

さらに「幸せ脳」を手に入れるために彼女たちも実践している脳に良いライフスタイルについてもご紹介します。

この本を読み進めれば、あなたも幸せにしかなれません（笑）。覚悟して読み進めてくださいね♡

人生はあなたが主人公のストーリー

「幸せ脳」を解剖する前に、ぜひ知っておいてほしいことがあります。それは、**人生はあなたが主人公の地球で、自由に遊ぶストーリー**だということです。

日々の生活では、悩みや嫌なこともありますよね。でも、それも含めて**地球に生まれてきた理由は、あなたらしさを見つけ、思いっきり人生を楽しみ、あなたの使命を果たすことなのです。**

一度きりの人生、あなたらしい生き方ってどんなものでしょうか？　たとえば、美味しい料理を楽しむ瞬間、温泉でリラックスしながら星を眺める時間、大好きな人と心が通じ合う瞬間。そして、やりがいのある仕事で得られる達成感。

よく考えると、幸せな瞬間はいつも「自分らしい喜び」を感じることから生まれています。だからこそ、あなたが好きなことや、やりたいことにもっと目を向けて、その瞬間をたくさん増やしていくことが、幸せな人生を歩む鍵となってきます。

「夢が叶えば幸せになれる」と思っている人もいますが、実は逆です。幸せになるからこそ、夢がどんどん叶っていくのです。これは、後ほど量子力学の観点から詳しくお話ししていきますので楽しみにしていてください。

この本を通じて、一緒に「幸せ脳」を手に入れ、あなたらしい幸せな人生を歩みましょうね♡

質問

なぜこの本を手に取ろうと思ったのですか？
この本を読み終わった時、どのようになっていたら最高ですか？
あなたが目指している理想の未来はどんなものですか？
たとえば、仕事や家庭、健康、趣味に関してどのような状態を望んでいますか？

「幸せ脳」ってどんな脳？

「まずは、幸せになることが大切」とわかったら、「幸せ脳」ってどんなものなのか知りたくなりますよね。では、私が感じる「幸せ脳」の特徴を2つ紹介していきます。

①何をしていても楽しい、幸せという感情があなたを満たしてくれる

「幸せ脳」を育てると、どんな状況でも「幸せだな♡」と感じることができるようになります。仕事中や、家事をしている時、子どものお世話が大変な時でも、その幸福感は変わりません。もっというと、何かしていても、何もしていなくても、ただ生きて存在しているだけで幸せな気持ちになれるのです。

あたたかいお風呂に入った時の「気持ちいい♡」という感覚が、日常のいろんな瞬間にふわーっと広がるようなイメージでしょうか。今は想像がつかないかも

しれませんが、「幸せ脳」を育てると、内側から幸せ感が満ちて溢れてくるのです。

たとえば、ご飯を食べられることや、健康でいられることに感謝する気持ちが自然と湧いてきます。どんな些細なことにも感謝する気持ちが湧き上がると、内側からじんわりとした幸せ感が広がり、深い部分から満たされているのを感じます。

②落ち込んでも自分で幸せな状態に戻れる

もちろん、人間なのでいつも調子がいいわけではありませんよね。ショックな出来事や嫌なことが起こるかもしれません。でも「幸せ脳」を育てると、そうしたネガティブな感情をうまく受け止め、手放すことができます。その後、すぐにご機嫌な状態に戻れるのです。

たとえるなら、風にしなやかに揺れる柳の木のよう。強風に吹かれても折れずに立ち続ける柳の木のように、しなやかな心を持つことができます。

私の講座に通うメンバーの一人はこう言っています。「人よりも感受性が強くて、人の言葉に傷つくことが多かったけど、『幸せ脳』を学んでから、落ち込んでも早く前向きな気持ちに戻れるようになりました」と。

落ち込んでもしなやかに立ち直り、再び幸せな状態に戻れるのが「幸せ脳」の大きな特徴です。

あなたが大切にしている幸せのニーズは何？

「シックス・ヒューマン・ニーズ」という言葉を聞いたことがありますか？　これは、世界的に有名なコーチ、トニー・ロビンズ氏が提唱した、人間が潜在的にどんなニーズを求めているかを示したものです。まずはその6つのニーズを見ていきましょう。

❶安定と安全のニーズ

私たちには、安心できる環境や予測できる日常が必要です。安定を感じることで、不安や恐怖から解放され、心が穏やかになります。

- 安定した収入がほしい
- 安全な環境にいたい
- 何よりも安心感が大事

❷不確実性と変化のニーズ

ちょっとした冒険や新しい経験って魅力的ですよね。人生にスパイスを与える新しい経験や挑戦をすることで、刺激や変化を得ることができます。

- ワクワクする変化がほしい
- 時には冒険も楽しみたい
- 知的好奇心を満たしたい

❸ 自己重要感のニーズ

誰もが自分は価値ある存在だと感じたいものです。認められたい、特別だと思われたいなど、他人から重要だと感じてもらえることを求めています。

- 有能で力のある存在になりたい
- 社会的な地位や影響力がほしい
- 人から尊敬されたい

❹ 愛とつながりのニーズ

愛され、誰かと深くつながること。家族や友人、パートナーとの絆は私たちの心を豊かにし、幸福感をもたらします。

- 愛したい、愛されたい
- 共感したい、共感されたい
- コミュニティがほしい（つながり・絆）

❺成長のニーズ

人間は常に成長を求めます。新しい知識やスキルを身につけ、自分自身を磨きたいものです。成長することで、満足感と達成感が得られます。

- 自分の成長を実感したい
- もっと高みに登りたい
- よりよく生きたい

❻貢献のニーズ

最後に、他人に貢献すること。誰かの役に立つこと、社会に貢献することにより人生に深い意味と満足感がもたらされます。

- 与えたい
- 誰かの役に立ちたい
- 社会に貢献したい

次のフェーズへ
より高みに登りたい
成長
社会に貢献したい
貢献
十分に満たす
安定・安心したい
安定感
愛し愛されたい
愛とつながり
価値ある存在でいたい
自己重要感
刺激・変化が欲しい
不確実性
人間の6つの欲求

さて、あなたが大切にしている幸せのニーズは何ですか？

私が大切にしているニーズは「愛とつながり」「成長」そして「貢献」です。

私が自由にさまざまなことにチャレンジできるのは、家族や仲間の支えがあるからです。私が何をしていても、どんな状態でも私であることを丸ごと受け入れてくれる存在があるからこそ、前に進むことができています。そして自分が与えてもらえているあたたかい愛情を、世の中に循環させられたらいいな♡ そんな思いが私の原動力となっています。

人生のステージによって、求めるものは変わっていきます。この6つのニーズの中で、今どのニーズが高いかを意識するだけでも、今のあなたの「幸せ脳」のステージを見極めていくことができます。

たとえば、専業主婦として家事や子育てに専念し、家族との絆を大切にしてきた時期があるとします。その時期には「安定」と「愛とつながり」が特に重要だと感じると思います。でも、子どもが巣立った後は、あなた自身の趣味や生き方に目を向けるようになります。そうなると「価値を感じたい」や「成長したい」といったニーズが強くなるかもしれません。

さらに、あなたの趣味であるお花教室を開こう！　と思ったとします。その時のニーズとしては、収入という「安定」、そして新しいチャレンジという「変化」。さらに「自分の価値を感じること」「人とのつながり」「成長し続けること」そして最後は「他人に貢献できる喜び」を感じていきたいと思うはずです。

こうしてニーズは段階に応じてどんどん変化し、段階が上がるごとに達成感が生まれて、幸せ感が増していきます。私たち一人ひとりの幸せの形は違っていていいのです。だからこそ、あなたが今、何を幸せと感じるかによってアプローチが変わります。

私たちが心の奥深くにあるニーズを十分に満たすことができると、自然と「成長」と「貢献」のステージにシフトしていきます。そのステージまでくると、「成長と貢献」したいというニーズは枯れることのない泉のように湧き上がってくると言われています。まるで魔法の絨毯に乗っているかのように、日々の生活や新しいチャレンジがスムーズに進んでいくので、幸せ感いっぱいです。

あなたが成長し、目の前の人にも手を差し伸べることで広がる幸せのサイクル。そのあたたかい波紋が、あなたの毎日をもっと輝かせてくれて、幸せでしかいられなくなっちゃいますよ。楽しみですね♡

質問 今のあなたが大切にしている幸せニーズは何ですか？
6つのうち、どのニーズが高いですか？

幸せに気づく力とは

「幸せになるためにはどうすればいいの？」

お給料も高くないし、好きなものだって満足に買えない。職場の人間関係も疲れるばかりで、ストレスが溜まる一方。幸せなんて感じられない……。そんな風に感じている人もいるかもしれません。

確かに、日々の忙しさに追われていると、あなたらしい幸せについて考える時間なんて取れないかもしれませんね。でも、この瞬間だけでも、少し立ち止まって今の生活を見回してみてください。

私たちの日常にはたくさんの恵みが当たり前のように存在しています。蛇口をひねれば出てくる飲み水、スイッチ一つでつく電気、雨風をしのげる家、そしてあたたかいお布団で眠ることもできます。

「そんなの当たり前でしょ」と思うかもしれませんが、もしも一度失うようなことがあったら、きっとそのありがたさが身に染みるはずです。実際に、私の祖母も水害で家を失ったことがあります。一瞬にして住む家を失い、生活環境が変わってしまう。そうした経験をすると、今ある何気ない日常は、とても幸せなことだったのだな……としみじみと感じたと、祖母が教えてくれました。

幸せへの感度が高い人は、小さな当たり前に感謝できる人です。これが「幸せに気づく力」です。「幸せに気づく力」が強ければ強いほど、些細なことでも多幸感を得ることができ、いつでも幸せでいられるのです。では「幸せに気づく力」を身につけるためにはどうすればよいのでしょうか？

最初のステップは、小さな幸せに敏感になることです。あなたの心が嬉しいと感じる些細なことでも見逃さない、そんな心の在り方がポイントです。

たとえば、お気に入りのカフェで過ごす、散歩中に可愛い犬に出逢う、ふわふわの毛布に包まれて本を読む、お花屋さんでかわいいお花を選ぶなど、あなたにとって幸せを感じる瞬間の一つひとつを大事にしてみてください。

実は、人の脳には「ＲＡＳ」（脳幹網様体賦活系《のうかんもうようたいふかっけい》）というシステムがあります。ＲＡＳの主な機能は、多くの情報から**「自分が意識しているものを選択的に認識する」**というものです。つまり、**あなたが幸せに敏感になることで、それに比例して、幸せな瞬間を多く見つけることができるようになるのです。**

そう、目の前にはいつだって幸せがたくさんあるのです。大切なのは、周りに存在する小さな幸せに気づけるかどうか。あなたが幸せを意図的に感じられるようになれば、その幸せ感はどんどん広がっていきますよ。

質問　**あなたには、幸せに気づく力がどれくらいありますか？**
今の点数は、１００点満点中、何点ですか？

辛い経験を乗り越えた先にある使命につながる幸せ

日常の中で小さな幸せを見つけることが大切だとわかっていても、なかなかそう思えない時もありますよね。私もかつては外側にばかり幸せを求めていました。「どうすれば心から幸せと感じられるのだろう……」「誰かが私を幸せにしてくれるはず……」と信じて、幸せ迷子だった時期もありました。

もし今、あなたが「何もかもうまくいかない」と感じているなら、それはチャンスかもしれません。私も過去にいろいろな困難を乗り越えてきました。20代の頃には摂食障害を経験し、それがきっかけでヒプノセラピーや心理学と出逢いました。そして、30代で婚約破棄した後には、数秘術との運命的な出逢いが訪れました。

もし今あなたが暗闇の中にいるように感じていても大丈夫。その経験は、あなたにとって人生の使命への道に必ずつながっていくからです。

辛い経験を乗り越えて、その経験が実は幸せへの伏線だったと気づいた瞬間から、あなたは人生の使命を果たすための幸せの階段を着実に登り始めるでしょう。自分の経験はもちろん、これまで多くのクライアントさんのお話を伺ってきて、私はこのことを確信しています。

だからこそ、あなたも今までのすべての経験が未来の幸せへのステップだと信じて、一歩ずつ進んでいってくださいね。

「幸せ」と「不幸せ」の鍵を握る、人生の捉え方

これまで「幸せ」についてお話ししてきましたが、実は「幸せ」も「不幸せ」も、あなた自身の心の持ちようで作り出されるものなのです。もっと具体的にいえば、私たちは出来事を自分が見たいように解釈しているだけなのです。つまり、幸せを感じるか、不幸せを感じるかは、あなた自身の選択によって決まるのです。

私は日本メンタルヘルス協会の衛藤信之先生に師事して心理学を学びました。その中で、先生から教わった言葉に**「出来事そのものには意味はなく、その意味付けは私たち自身がしている」**というものがあります。この言葉を最初に聞いた時、「どういうこと？　それって本当？」と頭の中にたくさん疑問が浮かびました。

でも、衛藤先生の話を聞き進めるうちに、「確かに、幸せも不幸せも、自分がどう感じるかで決まるのだな」と納得することができたのです。

雨が降っている。これが事実です。

Aさんは、

「やったー♡　この前買ったばかりの可愛い傘が使えるな」

と思ったとします。

Bさんは、

「わー、雨に濡れちゃう、最悪だな……」

と思ったとします。

Cさんはイギリス人で、

「ああー、故郷が懐かしいな……」

と思ったとします。

雨が降っているということが出来事。

でも結果となる感情や行動は、AさんBさんCさん、それぞれ違っていますよね。

なんとなく摑めましたか？

もう一つ、笑える一例があります。

ある女性が離婚をしました。これが事実です。

Aさんは、

「最高♡　これから全人類の男性が私の恋人候補♡」

と思ったとします。

Bさんは、

「ほんと出逢う男性を間違えた!!　人生最悪だ……」

と思ったとします。

Cさんは、

「人生って、いろいろな選択があるよね。これを乗り越えたらきっといいことあるはず」

と思ったとします。


離婚したということが出来事。

でも結果となる感情や行動は、Aさん、Bさん、Cさんで全然違っていますよね。

これは、心理学では有名な理論でアメリカの臨床心理学者アルバート・エリス氏が提唱した「ABC理論」といいます。ABCとは以下の言葉を表しています。

- A =Activating events（原因となる出来事）
- B =Belief（信念・思い込み）
- C =Consequences（結果となる感情や行動）

私たちは日常生活で、「A（原因・出来事）があるから「C（感情・行動）が生まれると思いがちです。でも、エリス氏は「出来事（A）」と「感情・行動（C）」の間には「信念や思い込み・ビリーフ（B）」があると考えたのだそうです。このビリーフとは、私たちが物事をどう受け止め、どう解釈するかということです。

この「ABC理論」に基づいて考えると、幸せになる選択をしているか不幸せになる選択をしているかは、実は自分の捉え方次第ということが分かってきます。

とはいえ、どんな状況でも無理にポジティブな面を見つけようとするのは、正直しんどい時もありますよね。

そんな時は「**私たちが生まれてくるのは魂の成長のためなのだ**」と考えてみてください。生まれる前に自らの人生のシナリオを描いてきたということは、**あなたに起こる出来事は、必要なタイミングで起こっていて、必ずあなたが乗り越えられるものばかりということなのです。**

大変なことが起きた時「ここから何が学べるだろう？」という視点を持ってみましょう。物事を俯瞰的に捉える意識を持つことで、あなたのビリーフを書き換えることができ、驚くほど人生の見え方が変わってくるのを実感できるはずです。

「好き」や「心地いい」を選択するレッスン

これまで「幸せ脳」の仕組みや、それを手に入れるための方法についてお話ししてきました。でも、いきなり「幸せ脳」にチェンジするのは難しいかもしれません。お肌が28日のサイクルで入れ替わるように、心と体も急に変わるわけではないからです。でも、幸せになる選択をするレッスンを繰り返していけば、「幸せ脳」に必ず近づいていきます。

私のオススメレッスンは「好き」や「心地いい」を意識してみることです。先ほど、人間の脳には**「自分が意識しているものを選択的に認識する」**というRASという機能があることをお伝えしましたが、**あなたが「好き」「心地いい」という気持ちを意識していくと、脳がさらに心地いいことや好きなことを多く見つけてくることになるのです。**

・キレイな服にする？　カジュアルな服？　今日はどちらの気分かな？

・いつもの道で行く？　少し遠回りして公園を通る？
・自宅のデスクで集中する？　カフェで仕事をする？　外のテラス席かな？

このように小さな選択を、丁寧に意識しながら行っていくイメージです。
毎日が、あなたの選択した好きなもので彩られていくと、人生の大きな選択も自然と「これがいい」と決断できるようになっていきます。

選択する時は、最初に感じた直感を大切に♡

あなたの内なるサインに従って選ぶと、物事がうまくいくことがどんどん増えてきます。「ピンときた」感覚を大事にして選択していけば、見える世界が変わっていくでしょう。

これらは小さなことに見えるかもしれませんが、一つひとつ丁寧に選んでいくことで、あなたが自分の人生を作り上げている実感が湧いてきます。そうすると、自己肯定感がぐんと高まり、心からの幸せを感じられるようになります。

「幸せ脳」を育てる脳内ホルモンとは

これまでに「幸せ脳」を手に入れる方法をお伝えしてきましたが、実はもっと簡単で合法的（笑）に「幸せ脳」を手に入れて、育てる方法があります。実は、私たちが**幸せを感じるのは、脳内に「幸せホルモン」が出るから**なのです。

たとえば、

温泉に行った時に感じる幸せ
美味しいものを食べた時の幸せ
大好きな人と一緒にいる時の幸せ

これらはすべて脳内で分泌される幸せホルモンの作用です。つまり、幸せホルモンが出るような行動をすれば、脳が勝手に幸せを感じてくれるので、特別なことをしなくても幸せな気分になれるのです。

脳が幸せを感じるホルモンは主に4つあります。たとえば、リラックスすると分泌されるセロトニン、優しい気持ちを抱く時に分泌されるオキシトシン、そして目標を達成したり褒められたりすることで分泌されるドーパミン、そして楽しんでいる時に分泌されるβ－エンドルフィンです。

ここでは、脳科学の観点から、これらの幸せホルモンを効果的に引き出す方法についてお伝えしていきます。

ドーパミンって何？

脳内ホルモンの幸福物質の1つ、ドーパミン。

このホルモンがたくさん分泌されれば、私たちの毎日はもっとやる気に溢れて、満ち足りたものになります。

まず、**ドーパミンは「やった!!」という達成感を得た瞬間に分泌される**物質です。たとえば、大きなプロジェクトが成功した時やスポーツの大会で優勝した時、大きな額のお金を手に入れた時、昇進や昇給があった時などです。「やったー、最高♡」という達成感や高揚感が、ドーパミンの分泌を引き出します。

でも**最近の研究では、このドーパミンは目標を達成した時だけでなく、夢や目標を描くだけでも分泌される**ことがわかってきました。私たちが、目標を立てたり、ワクワクするような未来を想像したりするだけで、ドーパミンは湧き出てくるのです。

夢を描く → ドーパミンが出る → 行動できる

ドーパミンが出ることによって行動が促されます。このシンプルなプロセスが、夢が叶うことにつながっていくのです。

また、脳科学的には、小さな行動を積み重ねることでドーパミンの分泌が持続し、さらに行動しやすくなることがわかっています。**小さな目標を一つ達成する**

たびに、次の夢や目標を設定する。このサイクルが、夢が叶っていく「幸せのスパイラル」を生み出します。そして、その過程でさらにドーパミンが分泌され、ワクワク感やドキドキ感が脳を刺激して、大きな夢が叶うようになっていきます。

実は、空想の中で「やったー♡」と叫ぶだけでも脳内でドーパミンが分泌されるのです。試しに、今この文を読みながらニコニコと右手を上げて「やったー♡」とやってみてください。きっと、ドーパミンが出ているはずです。

実際に成功体験がなくても、楽しいことやポジティブなことを考えたり、自分を褒めたりすることでドーパミンの分泌が促進されます。やる気を出したい時や気分を高めたい時に、ぜひ試してみてください。

セロトニンって何？

ドーパミンの次は、心を穏やかにするセロトニンについてお話ししましょう。**セロトニンは「幸せホルモン」とも呼ばれ、私たちの心をリラックスさせ、毎日を穏やかに過ごすために欠かせない物質です。**このセロトニンを効果的に引き出すための3つのコツをご紹介します。

コツ① 朝起きたら5分、太陽の光を浴びる

朝起きたら、まずあなたにやってほしいことがあります。それは、カーテンを開けることです。朝の太陽の光を浴びると、セロトニンが活性化されやすくなるからです。特に、起きて30分以内というのがポイントです。このシンプルな習慣が、セロトニン神経を刺激し、1日中気分を安定させる助けとなってくれます。

さらに、朝の太陽の光には夜の睡眠を促す効果もあります。朝に分泌されたセロトニンは、夜になると睡眠ホルモンであるメラトニンに変わり、これにより眠

りやすくなり、質の高い睡眠が得られるのです。私も日焼けには気をつけていますが、このメリットを得るために、1日5分、太陽の光を目に入れるようにしています。ぜひあなたも始めてみてくださいね。

コツ② 腸内環境を整える

食べ物から摂取する栄養素からセロトニンが作られるのは、90％以上が腸内です。腸内環境が悪いと、セロトニンの合成に必要な成分が届きにくくなるのです。ですから、腸内環境を整えるために、食物繊維の多い野菜や豆腐、わかめなどの海藻類をしっかり摂ることが大切です。

セロトニンは脳内でも作られ、その材料として欠かせないのが必須アミノ酸のトリプトファンです。しかし、トリプトファンは体内で生成できないため、食物から摂取する必要があります。食物から摂ったトリプトファンは、日中は脳内でセロトニンに変わり、夜になると睡眠を促すメラトニンに変わります。

このトリプトファンが多く含まれている食材には、豆腐や納豆、味噌、醤油などの大豆製品、チーズやヨーグルトなどの乳製品、そしてお米などの穀類です。これらの食材を意識的に取り入れることで、私たちの心と体はさらに豊かに健康になります。

コツ③ リズミカルな運動を習慣化する

セロトニンは、リズミカルな運動によって活性化されます。一定のリズムを刻む運動が効果的とされており、たとえばランニングやダンス、散歩などがその代表です。これらを行うことで、セロトニン神経を効果的に刺激することができます。朝の散歩は特におすすめで、気持ちのリフレッシュも一石二鳥。毎日20～30分の適度な運動で、心地よい気分が長続きします。

また、セロトニンは安らぎや癒やし、つながりを感じた時にも分泌されるといわれています。身近な人とのあたたかいコミュニケーションや、自然の中でののんびりする時間も、心を豊かにしてくれる大切な瞬間です。

セロトニンを
出すためのコツ
コツ①
Good Morning!!
朝起きたら5分、
太陽の光を浴びる
コツ②
腸内環境を
整える
コツ③
リズミカルな運動を
習慣化する

オキシトシンって何？

私たちの心と体を幸せで満たしてくれる「幸福ホルモン」。もう一つは、オキシトシンです。もともと出産や育児の際に分泌されるホルモンとして知られていますが、幸福感を与え、社交性を高め、不安や恐怖心を和らげる効果があります。

オキシトシンを分泌させるための簡単なコツを2つご紹介します。

コツ① スキンシップをはかる

オキシトシン分泌の鍵の一つはスキンシップです。家族や親しい友人とのだんらんの時間、ペットとの触れ合い。見つめ合う、手をつなぐ、抱き合うといった行為、心の底からリラックスできる会話や食事の時間も大切です。このようなスキンシップを日常に取り入れるだけで、心の奥底から穏やかな気持ちが広がります。

コツ②　人に親切にしたり、優しくしたりする

オキシトシンは「思いやりホルモン」とも呼ばれています。人に親切にする、助け合う、そしてプレゼントを贈るなど、これらの行為でオキシトシンが分泌されます。また、スキンシップの一環であるマッサージをすることも効果的です。実は、マッサージを受ける側よりも、施術する側のほうが多くオキシトシンが分泌されるといわれています。これは、相手を癒やしたいと願う思いやりの心が関係しているのです。

セロトニンが私たちに優しく穏やかな気持ちをもたらしてくれる一方で、オキシトシンは他の人との関わりの中で幸福感を高め、絆を深める力を持っています。人とスキンシップを取ったり、人に親切にしたりされたり、優しい気持ちで人と関わっていくことで幸せホルモンが分泌されて、自然と「幸せ脳」が育っていくのです。

β-エンドルフィンって何？

夢を描いたり、叶えるために行動したりすることによって「幸せ脳」に近づくことをお伝えしましたが、実は夢を叶えるためには、子どものような無邪気な気持ちでやりたいことに取り組むこともとても大切です。

「でも、夢を叶えるには強い意志や努力が必要なのでは？」と、思う人もいるかもしれませんね。確かに、以前はがむしゃらに頑張ることが一つの正解とされていました。でも、最新の脳科学の研究によると、無邪気に楽しむことが夢を叶えるためにはとても大切だということがわかってきたのです。その時に脳内で分泌されるのが幸せホルモンともいえるβ-エンドルフィンです。

β-エンドルフィンは、好きなことを楽しんでいる時や、美味しいものを食べている時に分泌される物質です。しかも大量に分泌されると、突然インスピレーションが降りてきたり、奇跡のようなアイディアが浮かんだりするのです。じっくり考えた時よりも、直感的に「これだ！」と感じた時のほうがうまくいった経験、あなたにもありませんか？

では、β-エンドルフィンをたくさん分泌させる方法をお伝えします。まずは「思いっきり笑うこと」そして「体を動かすこと」です。友達と楽しくおしゃべりしたり、おもしろい映画や動画を見たりしてたくさん笑うと、自然とβ-エンドルフィンが出てきます。

次に体を動かすこと。ランニングはその代表格ですが、気持ちのいいペースで走ると、幸福感に包まれる「ランナーズハイ」に到達すると言われています。他にもヨガやダンス、バレーボールなど、自分が好きなスポーツを楽しむだけでも効果的です。私はヨガやダンスで体を動かしていますが、体を動かした後に、リラックスしていると、いい直感が降りてくることがよくあります。

幸せホルモンを意図的に出す生活を心がけると、自然と脳が「お、これはいい感じ♡」と感じてくれるようになります。

日々の生活の中で意識的に、幸せホルモンを分泌する行動を取り入れることで、まるで魔法みたいに心地よい感覚が広がってきます。やがて、その積み重ねが脳に定着して、自動的に幸せを感じるようになります。その結果、毎日がもっと楽しく充実したものになり、心が自然と喜びで満たされるようになっていきます。

さあ、今日から早速、幸せホルモンを出す行動を始めてみましょう。

質問　幸せホルモンを出すために、あなたがやってみたいことは何？
まず、簡単にやってみるなら、何から始めますか？

Q

幸せホルモン一覧

本書でご紹介した幸せホルモンをまとめました。

ドーパミン

やったーという達成感を得た瞬間に分泌される物質。たくさん出るとやる気で溢れることができる。夢や目標を描くだけでも分泌される。"ワクワク"を大切に！

夢を描く→ドーパミンが出る→行動できる

セロトニン

心をリラックスさせ、穏やかに過ごすために欠かせない物質。質の高い睡眠に影響し、人とのコミュニケーションや自然の中で癒やされる時などにも分泌される。

セロトニンの分泌を促すおすすめ行動

① 5分間太陽の光を浴びる
② 腸内環境を良くする
③ リズムカルな運動を習慣化する

オキシトシン

幸福感を与え、社交性を高め、不安や恐怖心を和らげる効果がある。
「思いやりホルモン」とも呼ばれ、親切にする、助け合う、プレゼントを贈る、人を癒やすなどの行為でもたくさん分泌される。

オキシトシンの分泌を促すおすすめ行動

① スキンシップ
② 人に親切にする

β-エンドルフィン

好きなことをして楽しんでいる時、美味しいものを食べている時などに分泌される物質で、たくさん分泌されると「ひらめき」や直感が冴えることも。

β-エンドルフィンの分泌を促すおすすめ行動

① 思い切り笑う
② 体を動かす
③ 好きなことを楽しむ
④ 美味しいものを食べる

「幸せ脳」を育てるライフスタイル

私の実践スタイル

「幸せホルモン」を意識的に分泌させる生活を心がけることで、毎日がもっと楽しく、充実したものになります。さて、ここからは私自身が実践している、幸せホルモンを出すための方法をご紹介しますね♡

実践① 朝日を浴びる

まず、朝起きたら必ずやっていること。それはカーテンを開けて、朝日を浴びることです。朝の光には心地よい目覚めをもたらす力があり、**セロトニンが合成される**と聞いてから、毎朝の5分間は太陽の光をしっかり目に入れています。

実践② 冷水シャワーを浴びる

私は季節を問わず、朝、冷水シャワーを浴びています。最初はあたたかいシャワーからスタートし、最後の1～3分間は冷たいシャワーを浴びます。最初は寒さを感じますが、深呼吸をしながら少しずつ浴びるのがコツです。**冷水シャワーにはドーパミン（やる気ホルモン）を増やす**効果があり、朝から行動的になれること間違いなしです。

実践③ アファメーション（肯定的暗示）

「私は毎日あらゆる面でどんどん良くなっています」

これは、暗示の父といわれるエミール・クーエ氏が提唱した最強のアファメーションです。繰り返しアファメーションを行うと、潜在意識に働きかけられ、無意識のうちにその言葉のようになっていくと言われています。

私は毎朝、この言葉を唱えながら、今日1日がどんな風になったら最高かを想像しています。朝一番にポジティブなアファメーションを行うことで、その日1日を明るく前向きな気持ちで始めることができます。目標を立てたり、ワクワクするような未来を想像したりするだけで、ドーパミンは湧き出てくるとお伝えしましたが、**アファメーションを行ってもドーパミンが出てくるので、やる気が起きて行動できるようになります。**行動力が向上すれば、目に見える成果を感じやすくなり、さらなる自信にもつながっていきます。

ここ数年はYouTubeでアファメーションの音源を作り配信しています。多くの生徒さんも実践してくれていますが、1日をスタートする時に、朝、ポジティブな未来に思いを馳せるのはとても有効です。未来を意図して現実化できる、行動力の上がる実践法です。

夢実現みさちゃんねる
「朝専用ミラクルモーニング」の
アファメーション動画は
こちらから⇩

実践④　ココロとカラダに良い食事

ここでは食事の重要さには触れませんが、私はカラダの健康のための食事とココロの健康のための食事を分けて考えています。朝食には酵素玄米と野菜を中心としたバランスの良い食事を心がけています。一方、夜ご飯はココロが喜ぶものを選んでいます。たとえば、夜にはシャンパンやグレープフルーツサワー、お肉やチーズ、時にはポテトフライなども楽しんでいます。

ストイックに突き詰めるのではなく、ココロとカラダのバランスを大切にしています。美味しいものを食べると、幸福感をもたらすβエンドルフィンが分泌されるため、ココロの栄養にもなりますね。

実践⑤　感謝行・サンクスレター

日本数秘セラピスト協会を主宰して6年になりますが、夜、寝る前に6年間ずっと続けている習慣があります。それは、協会の兼平由美子さんが師事されていた(社)開華GPE®の村松大輔先生が提唱されている「感謝行・自分褒め」というメソッドです。協会で少しアレンジして使わせていただく許可をいただき「サンクスレター・セルフリスペクトレター」という名前をつけさせていただきました。

やり方は2つです。

① 1日にあったことの中で、感謝することを3つ書く
② 自分を褒めることを3つ書く

とても簡単ですが、効果が絶大のメソッドです。詳しい方法は最終章でお伝えします。

感謝することの素晴らしさは実験でも証明されています。アメリカの心理学者、ロバート・エモンズ氏とマイケル・マカロー氏の研究によると、被験者を2つのグループに分け、片方のグループにはちょっとしたことで構わないので、毎日感謝できることを5つ書いてもらうという実験をしました（毎日1～2分）。

感謝する時間をとったグループは、何もしなかったグループに比べて、人生を肯定的に捉えられるようになっただけではなく、幸福感が高くなり、ポジティブな気分を味わえるようになったそうです。感謝の気持ちを持つことで、オキシトシンの分泌も活発になります。つまり感謝行を習慣化することで、確実に「幸せ脳」は育っていくことになります。

こうして見てみると、どの方法も特別なことではなく、すぐに始められるものばかりですよね。**大事なのは、「幸せ脳」を育てるための脳内ホルモンを意図的に分泌させるライフスタイルを選び、それを習慣化することです。**

ここで紹介した5つの方法は、私自身が実践している「幸せ脳」を育てるためのスタイルですが、あなたも気になるものがあれば、ぜひ試してみてください。

質問　「幸せ脳」を育てるためにどんなライフスタイルを実践しますか？

Q

まとめ

◆「幸せ脳」を手に入れて、育てていきましょう♡
◆考え方と捉え方で、「幸せ脳」にスイッチしよう♡
◆脳内ホルモンで「幸せ脳」を育てるライフスタイルを♡

Chapter 2

幸せ脳を育てるためのツール

3つのツールでより確実に「幸せ脳」を育てよう

いかがでしょうか？　「幸せ脳」について、何となく摑めてきましたか？

Ｃｈａｐｔｅｒ２では、私がこれまでに実践してきた中で、実際に幸せな現実を引き寄せるのに役立った「あなたに絶対に知ってほしい」と思うツールをお伝えしていきます。

このＣｈａｐｔｅｒで一気に「幸せ脳」に近づくこと間違いなし♡　ぜひワクワクしながらページを読み進めてください。

3つの「幸せ脳」のツールにたどりつくまで

私は、今でこそ「幸せ脳」について多くの人に伝えていますが、その道のりは決して平坦なものではありませんでした。特に辛かったのは、大学2年生から20代後半まで続いた摂食障害に苦しんでいた時間です。

高校生までの私は、何でもそつなくこなす優等生で、周りからも期待されていました。そんな私が自分らしいもの「野元美沙といえばこれ！」というものを見つけたくて選んだ道がダンスでした。中学生の時に「ALL JAPAN DANCE FESTIVAL in KOBE」で観たお茶の水女子大学のダンスに感動し、私もこの大学で踊りたいと決めたのです。

夢の大学に入れたものの、周りの仲間たちのダンス技術には圧倒されました。彼女たちは幼い頃からの努力と才能に溢れていて、私ではとても追いつけないという思いに囚われ、結果スタートから大きな挫折感を味わいました。振り返ってみれば、それも、摂食障害を引き起こす原因の一つだったように思います。

それでも、全国大会の舞台に立つという夢を追い続け、必死に練習しました。そして遂に、中学時代からの憧れだった夢を実現しました。「ALL JAPAN DANCE FESTIVAL in KOBE」団体の部で、文部科学大臣賞（最優秀賞）を受賞したのです。夢にまで見た全国大会の舞台に立ち、さらに最優秀賞を受賞というあまりに大きな夢が叶った瞬間には、かつて経験したことのない深い達成感を味わうことができました。

でも、その達成感の裏では、常に自分の限界と向き合う苦しみがありました。それでもこの経験を通じて私は強くなり、夢は必ず叶うということを学ぶことができました。

その後、私は芸能界に進み、モデルやレポーターとして活動しました。神田うのさんとのCM出演や、TBSラジオでのパーソナリティー、テレビ東京のロケ番組でのリポーターで海外のロケも行くなど、多くの貴重な経験を積みました。

でも、華やかな世界の裏側で、こうありたいという理想の自分と、それに追いつけていない現実の自分とのギャップに常に苦しんでいました。「もっと痩せなければ、もっと優れていなければ価値がない」と思い込み、心では「もっともっと頑張らなきゃダメだ……まだ努力が足りない……」と自分を追い込んでいたのです。

26歳の時、摂食障害が本格化し、体調不良で入退院を繰り返すようになりました。そんな時に出逢ったのがヒプノセラピー（催眠療法）でした。このセラピーで自分自身の過去を見つめ、「いい娘じゃないと愛されない」と思い込んでいた自分がいることに気づきました。根底にしみついたこの思いが「痩せていない自分は、期待されている自分ではないので、愛される価値がない」と感じる一つの原因になっていたのです。

セラピーのセッションの最後に「私は自分を認めて許します」とアファメーションをしました。このことにより、潜在意識レベルで自分を認めて許し、受け入れることができるようになったのです。

セッションが終わった夜、星空を見上げると、その美しさに心が震えました。内側が深い愛で満たされたことで、星空の美しさや空気の優しさが心の奥深くまで沁み渡りました。私はきっと長い間、身の回りの美しい瞬間を見逃していたのだなと感じたのです。

悩みの理由は、今起こっている問題からくるものだけではなく、根っこの部分、つまり潜在意識にあります。それに気づき、解放することで目に見える現実を変えていくことが可能になります。

根っこの部分のお掃除をして、心のタンクを愛で満たすことができるようになると、「幸せ脳」を育て上げることができるようになってきます。

少し前までは、「成功したら幸せになれる」とか「何かを達成すれば幸せになる」というような概念が、たくさんの人の中に根付いていたように思います。

私も「いい娘でなければ愛されない」だったり「成功しなければ価値がない」

という自分で作った鎖のような思い込みに縛られていました。

でも、ヒプノセラピーを通して、その思い込みが解けると、周りの世界がまるで違う世界に見えるようになってきたのです。自分が本当に望むものや心地よいもの、大切なことを見つけていくうちに、ふと気づいたことがありました。

「こういう『好き』に囲まれた暮らしこそが、幸せそのものだよね♡」と。

遠くにあって手が届かないと思っていた幸せは、実はとても近くにあったのです。理想の自分や夢を追い求めることだけではなく、日常の小さなことが幸せの源泉なのだということに気づきました。

脳科学の研究によれば、大きな夢が叶った時も、小さな夢が叶った時も、脳が感じる「嬉しい」は、ほとんど同じなのだそうです。だからこそ、今のあなたができる小さな夢から始めることが大切です。たとえば、「モルディブに旅行したい」という夢があるとします。でもそれが難しければ、「沖縄に行きたい」という、より実現しやすい目標を立ててみてください。少しずつできる夢から叶えていくことで、ドーパミンも味方してくれて、どんどん夢が叶いやすい体質になっていきます。

これで本当に夢が叶いやすい体質になっていくの？　とちょっと疑問に思うことがあるかもしれません。もちろん、私もすぐにできるようになったわけではありません。

私の場合は、まずヒプノセラピーとの出逢いがあり、その後もいろいろなご縁を通じて、数秘術や量子力学、心理学などに触れ、学んできました。そして、少しずつ自分の望む現実に近づいてきました。

そんな私が、この本の中でぜひ伝えたいと思うツールが3つあります。それは「量子力学・数秘術・ドリームヒプノセラピー®」です。この3つのツールは、自分自身を知り、幸せな現実を作るための最強のツールだと思っています。

「幸せ脳」を育てるためのツール

①幸せな現実を作る仕組みを知るツール～量子力学

量子力学と聞くと、なんだか難しそうな物理学の話を思い浮かべるかもしれませんが、実際には私たちが幸せな現実をどのように作り出すか、その秘密を解き明かしてくれる興味深いものです。私も、量子力学を知ったことで、幸せな現実の創造が加速しました。

これまで「引き寄せの法則」はスピリチュアルな観点で説明されてきましたが、最近では量子力学の視点からも説明されるようになってきました。この世界は目に見えるものだけがすべてではなく、私たちの体を含む物体や感情、オーラまで、すべてが「量子」でできていると言えます。

量子力学は、物質やエネルギー、小さな「量子」がどのように振る舞うかを研究する学問です。目に見えない世界の仕組みを理解し、それを応用して幸せな現実を作り出す方法をお伝えしたいと思います。

まず知ってほしいのは、私たちの思考や感情はエネルギーの一種であり、このエネルギーは周囲に影響を与えるということです。もしあなたが幸せな思考や感情に集中すれば、そのエネルギーが素晴らしい現実を引き寄せます。つまり、あなたが放つエネルギーが幸せな未来を作り出すのです。

量子力学は、「幸せな現実を作る仕組みを知るためのツール」ですが、この本では、難しい部分を理解する必要はありません。この見えない世界の仕組みを少しでも知ることで、「幸せ脳」を育てる方法が分かり、あなたの意識や行動が世界を変えると感じられるようになれば嬉しいです。

②自分の本質を知り、人生の道標を手に入れるためのツール～数秘術

これまでの人生で「自分は本当はどんな人間だろう」と考えたことはありませ

んか？

実は、自分のことは、案外自分が一番わかっていないかもしれません。この「自分を知る」ための手助けをしてくれるものが「数秘術」です。

数秘術は、誕生日と名前から導かれる7つの数字を使ってあなたの本質や価値観、人生のベストタイミング、そして他の人との相性まで知ることができるツールです。これにより、人生の目的や使命が明確になります。

数秘術に出逢う前の私は、本当の自分を生きられていないような感覚があり、どこかモヤモヤした気持ちがありました。数秘によって導き出された自分の7つの数字の鑑定書を目にした時「これが私の使命で本質だ♡」と感じたのです。数秘術は非常にシンプルですが、あなたをいろいろな角度から理解できる最高のツールです。

数秘術との出逢いは、まるで心の中にかけられたベールが剥がされるような感覚でした。自分の本質を知ることで、自分の好きなことやしたいことがはっきりし、回り道をせずに目標に向かって進むことができるようになりました。

数秘術を使ってあなた自身を知ることが、あなたの「幸せ脳」のタイプを理解する助けになります。それにより、あなたも人生の道標を手に入れて、望む未来に進むことができるようになります。そしてあなたのみならず、大切な人たちの本質、そして「幸せ脳」のタイプを知ることもできるので、その結果、言葉がけや接し方が変わり、人間関係も劇的に良くなることでしょう。

③潜在意識へアプローチするツール～ドリームヒプノセラピー®

私はヒプノセラピーで摂食障害を克服した経験から、その魅力に惹かれ28歳でヒプノセラピストとして独立しました。最初は見切り発車的な起業でしたが、潜在意識のパワーをフルに活用できたことで、33歳までに起業当初に描いていた夢をほぼ実現できました。

その夢の叶え方のプロセスは、シンプルです。「なりたい自分」を「ドリームノート」に書き出し、その夢に向けてヒプノセラピーを行うことでした。ヒプノセラピストの姉と、毎年箱根駅伝を見ながらドリームノートを作り、セッションをし合うのがお正月の恒例行事でした。

これが「ドリームヒプノセラピー®」の原点です。この方法で、姉は福岡から上京して、姉妹でサロンをやるという夢も叶いました。その他の私自身の夢も次々と実現し、クライアントさんの夢を叶えるお手伝いもできるようになっていったのです。

ヒプノセラピーは、潜在意識と向き合い、その中にあるネガティブなブロックを解消していく手法です。これにより、自分の心の奥底にある本当の願いや目標に向かって全力で進んでいくことができます。

そして、ドリームヒプノセラピー®では、なりたい自分や叶えたい夢を強くイメージし、その未来のイメージを潜在意識に深く落とし込んでいきます。これにより、潜在意識にそのイメージが深く刻まれ、なりたい自分に自動的になるとい

うメソッドです。

「幸せ脳」を育てて、ドリームヒプノセラピー®で未来のなりたい姿を確定させていくと、必要な情報や人と出逢うようになるので、さらになりたいあなた自身になっていくことができるようになっていきます。

まとめ

◆「幸せ脳」は、あなた自身で作ることができる♡

◆「量子力学」「数秘術」「ドリームヒプノセラピー®」というツールを使って夢をどんどん叶えられる自分に♡

Chapter

3

幸せな現実を作る仕組みを知るツール量子力学

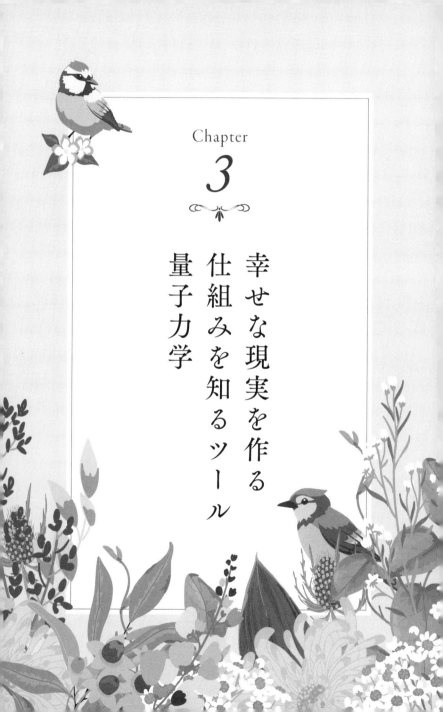

量子力学の不思議な世界

さあ、早速「幸せ脳」を育てる具体的なツールについてみていきましょう。

1つ目は、量子力学です。

Chapter2で、「量子力学は幸せな現実を作る仕組みを知るツール」とお伝えしましたが、私自身も、量子力学を知ったことで、幸せな現実を作り出す力がぐっと高まりました。

専門的な話は、難しく感じるかもしれませんが、見えない世界の仕組みを知ると、幸せに意識を向けることが大切だとわかります。

これにより「夢が叶うから幸せになる」のではなく、「幸せだから夢が叶う」という意味が実感できてくると思います。

波でもあり粒でもある量子

「量子」という言葉を聞いたことがありますか？　これは、物質やエネルギーのとても小さな単位のことを指します。たとえば、チョコレートを思い浮かべてください。これをどんどん小さく砕いていくと、目に見えないくらい小さな粒になります。この小さな粒を「量子」と呼びます。

さらに、光や電気も実は小さな粒からできています。光の粒は「光子・フォトン」、電気の粒は「電子」と呼ばれています。これらも量子の一種です。ただし、量子はとても小さいので、普通の顕微鏡では見ることができません。

さて、量子の一番おもしろいところは、通常の考え方では説明できない、不思議な動きをすることです。それを説明するために、**「二重スリット実験」**という有名な実験があります。この実験は、物理学の歴史の中でも特に重要な発見で大きな変化をもたらしました。

「二重スリット実験」は、2つの細いスリット（小さな切れ目）が入った板を使います。このスリットに光を当てて、そのスリットを通り抜けた光がどのように広がるかをスクリーンに映す実験です。

たとえば、懐中電灯でこのスリットに光を当てるようなイメージです。普通に考えれば、スクリーンには2つの明るい線が映るはずですよね。

ところが、この実験では不思議なことが起こります。スクリーンには2つの線ではなく、まるで波が広がるような模様（干渉縞《かんしょうじま》）が現れるのです。

これは、光の粒である光子（フォトン）が波のような性質も持っているからです。もし光や電子がただの粒であれば、スリットを通った後にスクリーンには2つの線ができるはずです。でも、実際には波のように重なり合って、何本も線が現れるのです。

さらに驚くべきことに、一度に一つずつ光子や電子をスリットに通しても、長い時間をかけて観察すると同じように波紋状の模様が現れます。これは、光や電子が一つずつでも波のように振る舞っている証拠です。**こうした性質を「粒子と波の二重性」と言います。**

つまり、量子はとても小さな粒であると同時に波の性質も持っているのです。

これが量子力学の不思議でおもしろいところです。

難しいけど
わかりやすく！解説します！

二重スリット実験解説

まずは物質と量子の理解から…

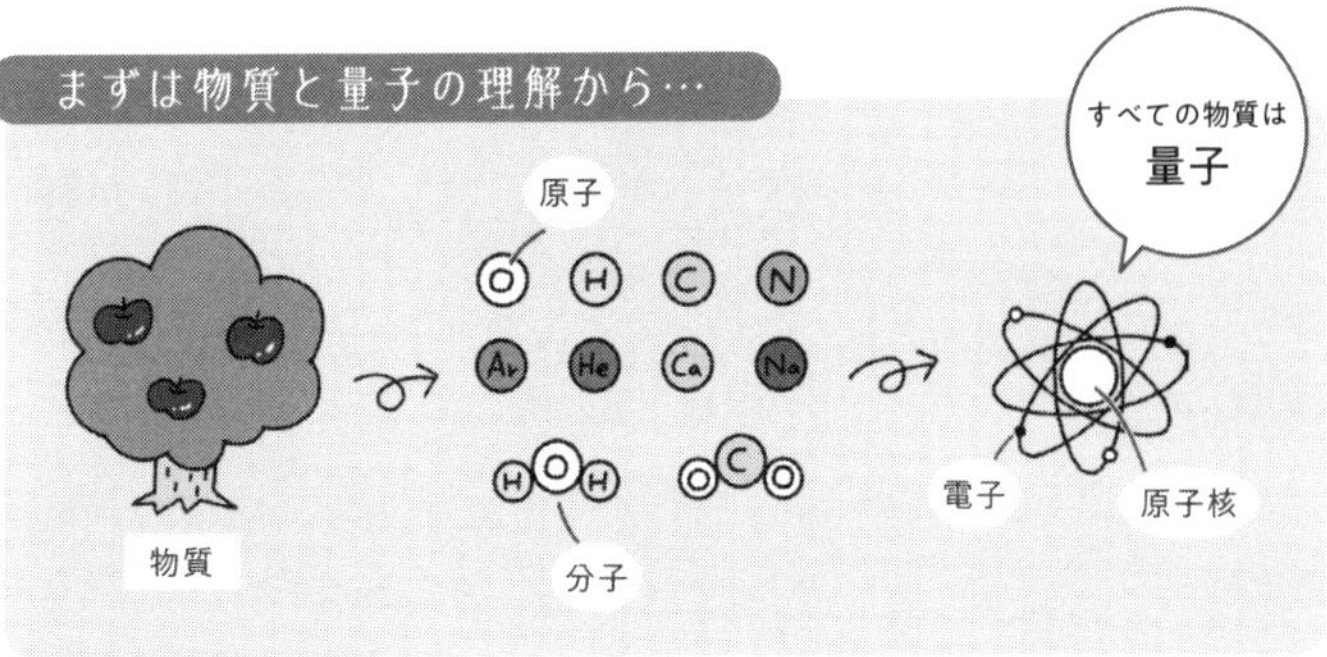

二重スリット実験

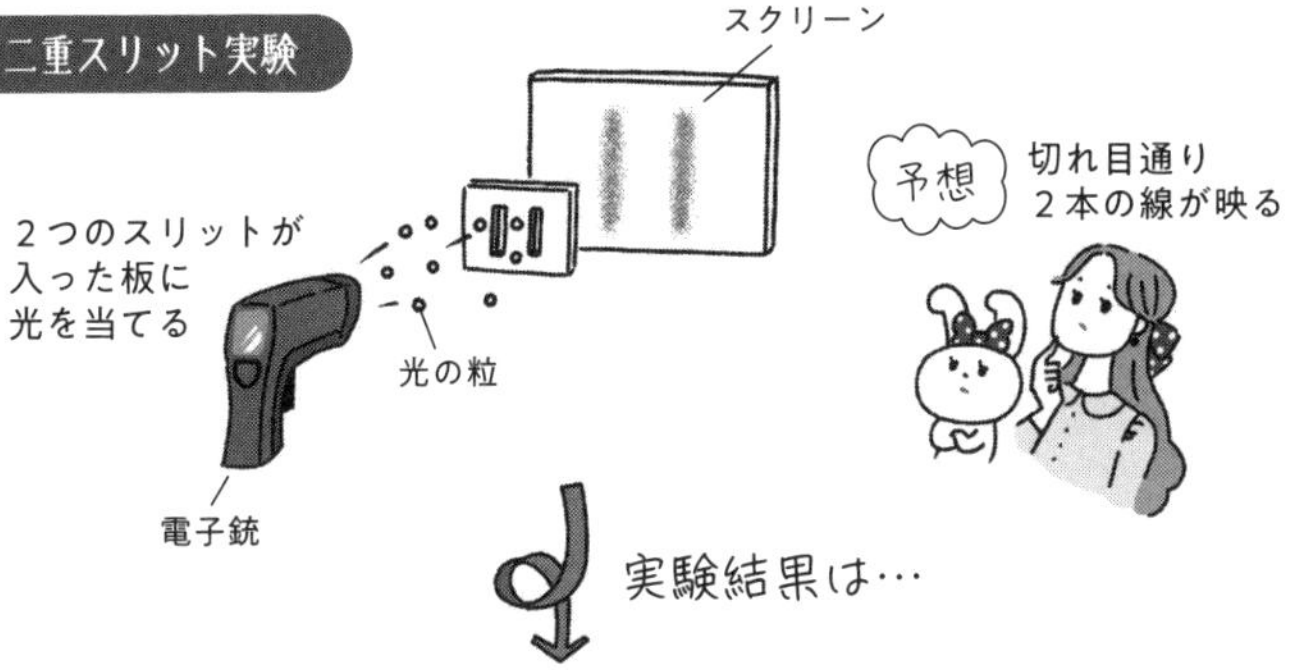

機械が観測すると振る舞いが変わる量子

この二重スリット実験では、電子銃を使って電子を打ち出し、さらにその電子の動きをじーっと観察したことでわかったことがあります。

スリットが入った板とスクリーンの間に観測者（観測機）を置いて、どちらのスリットを通っているか電子の動きを観測し始めた瞬間に、電子は、なんと「波」から「粒」に変化してスクリーンには2本の筋が現れたのです！

それはまるで、電子が観測されていることがわかっているような動きとも言えるのではないでしょうか。

イメージしてみてください。

今日は授業参観。もう少ししたら親が教室にきます。親が来る前の子どもたちは、教室で自由におしゃべりしたり、遊んだりしています。

そして、時間になると親が見にきます。ドアのところに立って教室を見ていると、子どもたちは「あ！　お母さんが見ている！」と気づいて、急に姿勢を正して真面目に座り始める、そんなイメージでしょうか（笑）。

量子も同じです。

親がいない時（観測していない時）
子ども（量子）は自由にしゃべったり遊んだりしている（波のように振る舞う）。
親が見ている時（観測している時）
子ども（量子）は背筋をピシャッと伸ばして真面目に座る（粒子のように振る舞う）。

つまり、親に見られる（観測される）と、子ども（量子）はその存在を意識して行動を変えるのです。観測されたことで量子の振る舞いが変わるなんて、親が見ている時にちゃんとする子どものようで、なんだかかわいいですよね。

観測器を置いた二重スリット実験

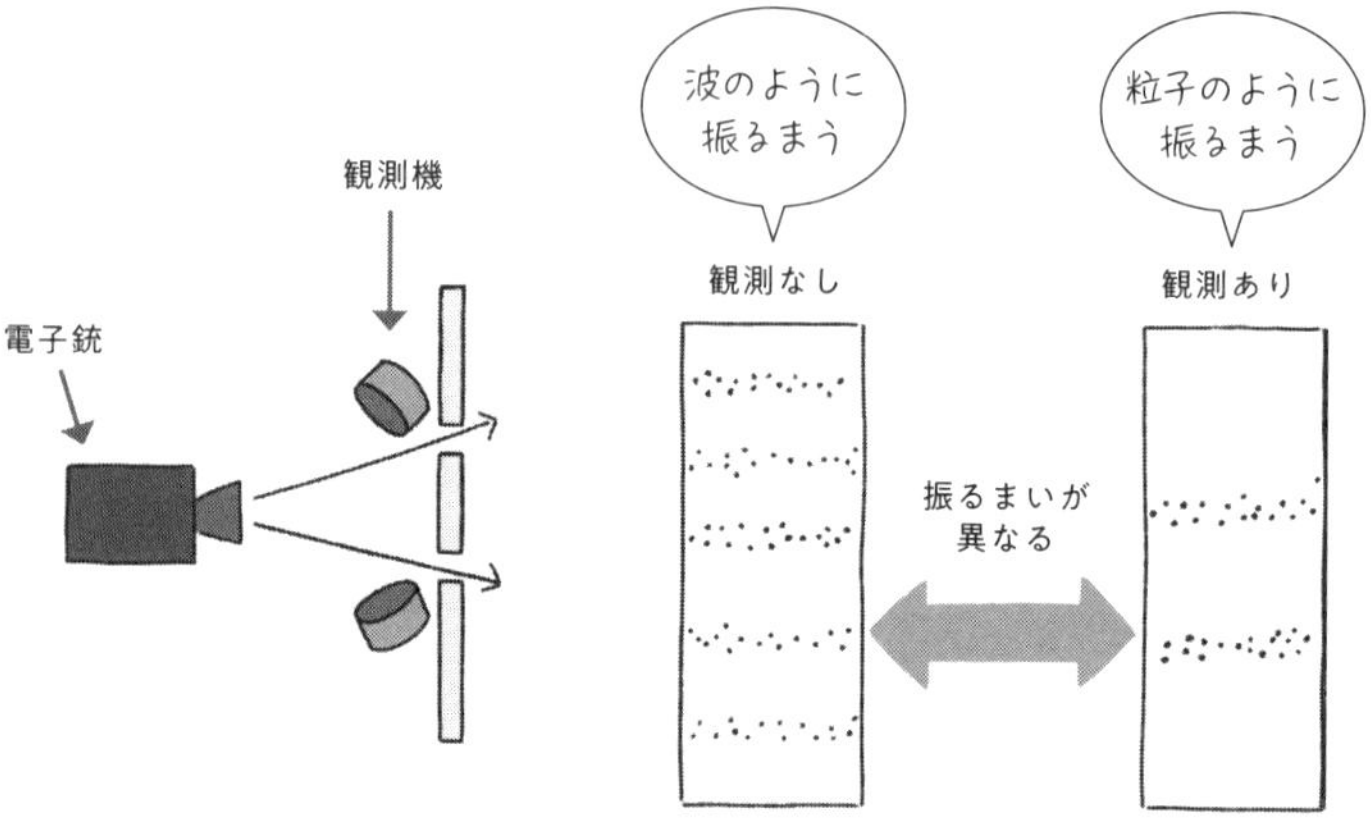

日常にあてはめると……

授業参観にて

＜親が見ていない時＞

＜親が見ている時＞

観測者が願った通りに量子が動く？

ここで少しだけ不思議でロマンチックな実験をご紹介します。アメリカの学者によって行われた光子の二重スリット実験では、観測実験の応用編として、観測者が「このスリットをたくさん光が通りますように」と願いを込める実験がありました。

この実験で光子はまるで観測者の気持ちが伝わったかのように、願い通りに行動したというのです（右を通ってと願ったら、右に多く通ったイメージです）。この結果から光子は波のようにではなく、粒のように振る舞い、観測者の思いが影響を与えたのではないか、との仮説が立てられました。

この実験を日常に置き換えて考えると、私たちの願いが現実に影響するかのようですよね。

ただし、この実験結果には、物理学者の視点では様々な意見もあるようです。

でももしこの実験結果がいつか証明される日がきたら、**私たちの意図や願いが思った以上に大きな力を持っているということが、科学的にも証明されることとなります。私たちの意図も私たちの現実を変える力になることは、いろいろな経験から理解はしていますが、もし量子の世界でも証明されたら……私はそれをすごく楽しみにしているのです。**

観測した瞬間に粒になる量子

量子力学には「コペンハーゲン解釈」という理論があります。この理論では「物質の状態は観測されるまで決まらない」と考えます。

この不思議な考え方を説明するために、科学者のエルヴィン・シュレーディンガー氏が「シュレーディンガーの猫」という話を作りました。

これは以下のような想像実験です。

①箱の中に一匹の猫を入れます。
②その箱には、特定の条件で毒ガスが出る装置が入っています。装置が発動すると猫が死んでしまいます。
③その装置は、どのタイミングで発動するかは完全にランダムです。いつか(たとえば1時間以内に) 毒ガスが出るかもしれないし、出ないかもしれない。

この状態で箱を開けて観測するまで、猫が「生きている」か「死んでいる」か、決まっていません。観測するその瞬間に初めて、「生きている猫」または「死んでいる猫」という実際の状態が決まるという想像の実験です。

「観測するまでは決まらない」
箱を開けて中を見るまでは、猫が生きているか死んでいるかはわかりません。そのどちらでもあるということです。

す。

「実際に見た時に決まる」

実際に箱を開けて中を見た瞬間に、猫が生きているか死んでいるかが決まります。

コペンハーゲン解釈は「量子の世界では、観測するまでどうなっているかわからない。そして、観測した瞬間に結果が決まる」という考え方です。

さて、この考え方を私たちの日常生活に当てはめてみましょう。

たとえば、あなたが本を読むこと、文章を書くことが好きだとします。その状態は量子でいうと観測される前のモワモワした状態です。そこから「将来作家になりたい」という夢を持ったとしましょう。その夢を描いたことは、量子の世界での「観測」されたことに似ています。夢を描くことは、可能性を現実のものとして認識する最初のステップです。量子の粒子が、観測されない時は波のようにモワモワした状態にあり、観測された瞬間に粒のようなはっきりした振る舞いをするのと同じです。

夢も同様に、ただ頭の中でぼんやりとした状態（波の状態）に留まっているだけではなく、夢を定めて（決める）、具体的な行動を通じて形（粒の状態）にしていくことが必要です。つまり、将来の夢を具体的に考え、それに向かって行動することが、夢を実現するための重要な要素となります。

このように考えると、夢に向かって、そうなると決めて、意図的に行動し続けることが、夢を現実に変えるための鍵であることが分かります。観測し、決めて、行動する、このフローがあなたの夢を現実にする力となるのです。

シュレーディンガーの猫

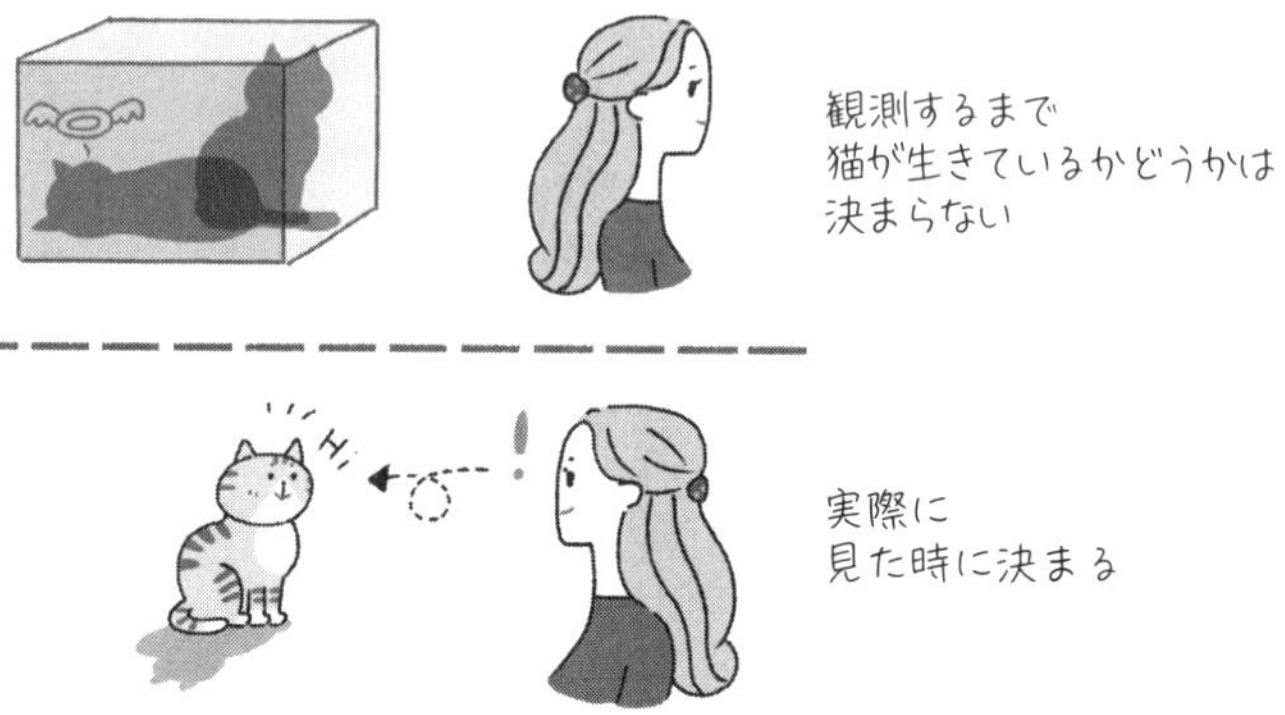
観測するまで
猫が生きているかどうかは
決まらない
実際に
見た時に決まる

日常生活にあてはめると……

ぼんやりとした
波の状態
作家に
なりたい夢
(観測)
形にしていく
(粒の状態)
夢を定めて
(決める)
実現する

量子力学の最新理論　人間の体はフォトンの塊

量子（素粒子）はエネルギーです。そして、私たちの体や精神、感情もこのエネルギーでできていると考えられます。

このことを科学的に証明したのが、ドイツの理論生物物理学者、フリッツ・アルバート・ポップ氏です。彼は、私たちのDNAに「バイオフォトン」という光の粒（素粒子）が存在することを発見しました。このバイオフォトンが私たちの体から放出されており、これが「意識」の正体だと発表しました。

フォトン（光子）とは光の最小単位のことです。フォトンは光の粒であり、波でもあります。二重スリット実験で使われたのもこのフォトンです。

目には見えないけれど、量子力学の視点からは、私たちの体はフォトンが集まって作られています。そして、その体からは常にフォトンが放出されているのです。

楽しくてルンルンしている時に出るフォトンと、イライラしている時に出るフォトンが違うのは想像できますよね。もちろん、フォトンに色や形はありませんが、たとえるとすれば、楽しい時は「キラキラフォトン」、イライラしている時は「ダークフォトン」というイメージです（笑）。

こんなフォトンが、あなたから飛び出して波のように広がっているのです。

隣にいる人や同じ空間にいる人だけでなく、壁を隔てた場所にいる人にまで、私たちの放つフォトンの波は届きます。まるでWi-Fiや5Gの信号がスマホやパソコンに届くように、私たちも知らず知らずのうちに他の人が発するフォトンをキャッチしているのです。

フォトンは波のように広がり、周りの人々や場所に影響を及ぼします。だからこそ、

「明るく笑顔が素敵な友達と話していると、自分まで元気になる」
「ネガティブな人の愚痴を聞いていると、自分も元気がなくなる」
といった現象が起こるのです。

このフォトンが同じように振動し始める現象を「共振」といいます。

共振とは、ある物が特定の周波数で振動している時、その振動が他の物にも伝わり、同じ周波数で振動する現象のことです。

たとえば、音叉《おんさ》という道具は、楽器のチューニングに使われます。音叉を叩くと特定の音が出て、その音が他の音叉に伝わります。叩かれた音叉と同じ振動のリズムを持っている音叉だけが、同じように音を出します。これが共振です。

たとえば、ある場所に3つの音叉「A」「B」「C」があって、その同じ空間にたくさんの「A＋」「B＋」「C＋」の音叉がランダムに置かれているとします。

「A」の音叉を叩くと、置かれている「B＋」「C＋」の音叉は何の反応もしないのに、「A＋」の音叉だけが音を出し始めます。これは「A＋」の音叉が叩かれた「A」の音叉と同じ振動のリズムを持っているからです。このリズムのことを「固有振動数」といいます。

実は、フォトン（素粒子）も同じように共振します。つまり、**同じ固有振動数を持つもの同士は、音であっても物であってもエネルギーであっても共振するのです。**人と人が引き合ったり、特定の場所で特別なことが起こったりするのも、この共振が関係しています。**この共振によって引き起こされる偶然の出来事を「シンクロニシティ」と呼びます。**

シンクロニシティ（偶然の一致）も、この固有振動数の共振で説明がつくわけですね。

音叉の実験

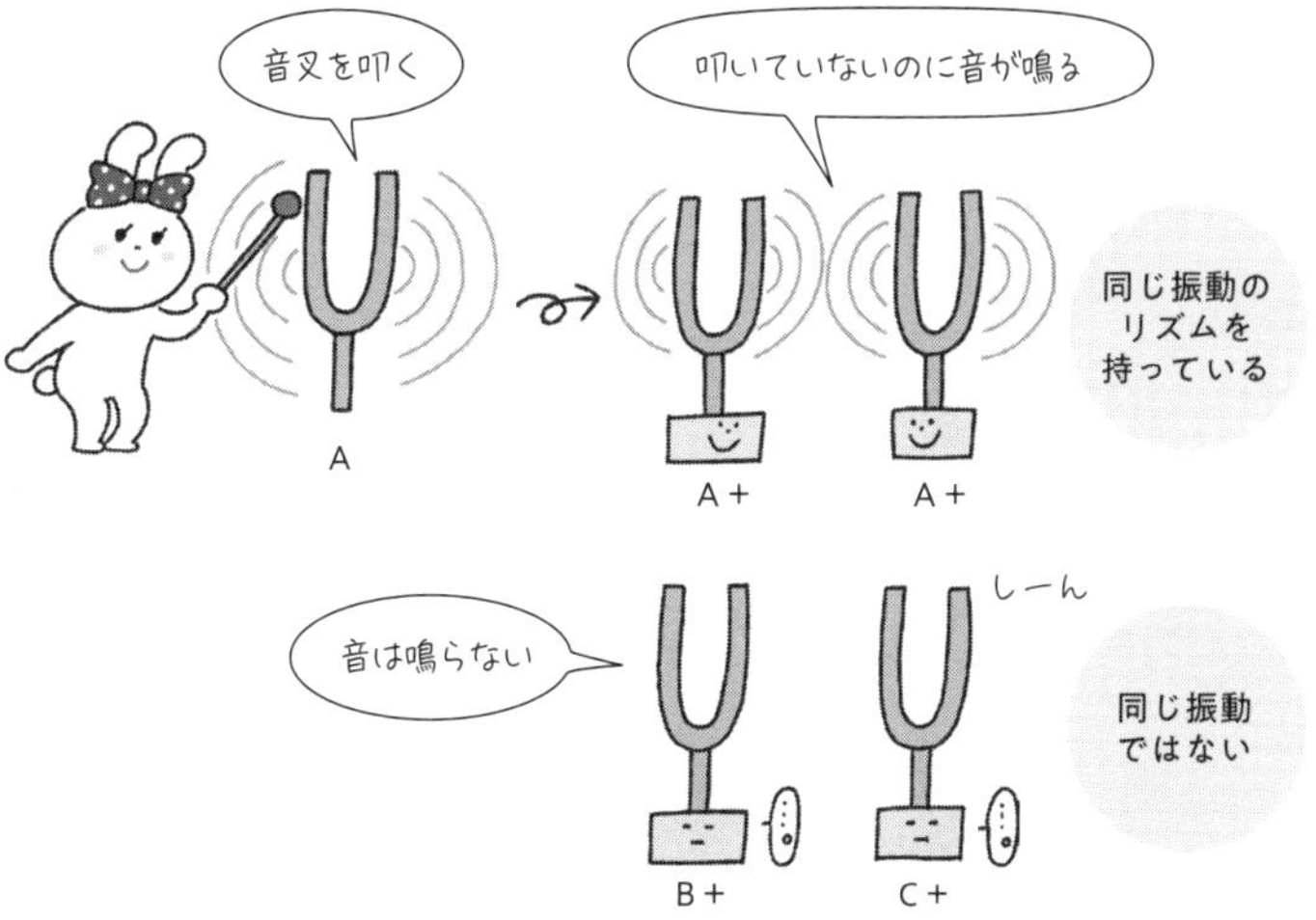

人間同士にあてはめると……

フォトンと引き寄せの法則

前述の通り、私たち人間はフォトン（光の粒子）やエネルギーのかたまりです。このフォトンやエネルギーには「固有の振動数」があって、それが周りの人や既存の出来事と引き合うことで、出逢いや出来事が起こっているのです。「固有振動数」は周波数とも呼ばれます。たとえば、ラジオやテレビで聞いたことがあるかもしれません。周波数とは、1秒間にどれだけの回数、物が振動するかを表しています。

周波数が合う人と一緒にいると、すごく居心地が良くて、楽しい気持ちになれますよね。でも、逆に周波数が合わないと、なんだか居心地が悪くなって、距離を置きたくなってしまうこともあります。これも量子力学で説明できる現象なのです。

私たちは、周波数が合う人と一緒にいたいし、楽しい気持ちになれる環境に身を置きたいと思っていますよね。

ここで改めて思い出してほしいのが、量子の特性です。

あなたが「幸せ～♡」と意図（観測）すれば、あなたから出されるフォトンは、キラキラに輝いて現れるでしょう。そして幸せいっぱいの周波数の波が発生すると、あなたの周りには幸せな人がたくさん集まり、「幸せいっぱい♡」と思えるような出来事が次々と起こるようになります。

これが**「エネルギーが波動となって望む現象を引き起こす」**の正体です!!

世の中で起こることのすべては、あなたがどのようなエネルギーを発するかによって現象化されているのです。

ちょうどラジオのチューニングみたいに、「幸せいっぱい♡」という思いを定めると、その周波数にあなたが合っていくのです。

あなたがなりたい自分や見たい景色に周波数を合わせるだけで、望むものが引き寄せられてくるのです。これがよくいわれる「引き寄せの法則」です。

「幸せになることで夢は叶い、さらに幸せのスパイラルが起こる」とお伝えしてきたことも、この観点でみるとわかってきますよね。

幸せになると決めた人だけが、幸せな周波数帯に入れるのです。幸せのキラキラフォトンを出すことで、幸せや感謝に溢れた出来事ばかりを引き寄せる周波数帯になるので、あなたらしい夢が叶い、さらに幸せのスパイラルが起こってくるのです。

あなたもその幸せスパイラルに乗りたいと思いませんか？

ポジティブな言霊のパワー

あなたの周りにある環境は、よくも悪くもあなたを写す鏡です。今のあなたの世界を振り返ってみてください。もし、心地よくないことが起こっていたり、嫌な人が近づいてきたりしていたら、フォトンが〝ダークモード〟に偏っているサインです。知らないうちに自分もダークな周波数帯に入っていて、嫌な人を引き寄せている可能性があります。

そんな時に活用してほしいのが、「言霊」のパワーです。
あなたの言葉は、たとえ人に向けられて発した言葉でも、あなたが一番近くで聞いています。

「あの人、イライラするな」
「私なんて、どうせ無理だわ」

そんなネガティブな言葉を聞いていたら、どんどん潜在意識にネガティブが広がってしまいます。あなたの「イライラ」「ムリムリ」な周波数に合う出来事ばかりが次々と起こってしまうのです。

逆に、

「ありがとう、大好き♡」
「大丈夫、できる！」

というポジティブな言葉を意識的に発していると、潜在意識の中に、愛と感謝が広がり、あなたから、キラキラの周波数（キラキラフォトン）がたくさん出てきます。そのキラキラ周波数にあった素敵な人や物をどんどん引き寄せていきます。
ネガティブな言葉を避けて、ポジティブな言葉を意識的に使うというのは取り組みやすい方法だと思うので、ぜひ今日から始めてみてくださいね。

もう一つ、意外なＮＧワードに「頑張る」というものがあります。

量子力学の観点で、自分が発した言葉で筋肉の反射がどう変わるのかを調べる実験が行われ、おもしろい結果が出ました。

「できる、大丈夫、余裕、余裕」と言った時には、筋肉に力が入るのに、「一生懸命頑張る」と言った時には筋肉の力が抜けてしまったのです。

頑張るという言葉は一見エネルギーを高める言葉に感じられますが、本来は「我意(自己中心、独断的な意志)を張る、忍耐し続ける」といった意味があります。「頑張る」は、大変な思いをして耐え続けなければならないと自分自身で思い込んでいくのかもしれないですね。

昭和、平成の時代は、「頑張ることは大切だ！」という「根性論」が主流でしたし、それでうまくいったこともあったと思います。

けれども夢とか幸せってもっと簡単に、もっとあっさりと楽に叶えてもいいと思うのです♡

「できる、大丈夫、余裕、余裕」といつも口に出していたら自然と潜在意識にその思いがインプットされて、夢を叶えるハードルがぐっと下がっていきます。そのほうが楽で幸せだと感じませんか？

ただ、頑張ってやっていることなのかどうかの基準は、人それぞれですよね。

たとえば私の生徒さんの中に、毎朝6時に起きて、ヨガをして仕事に行くという方がいます。

成功者は早起き
朝が勉強や仕事のゴールデンタイム

すごいなぁと思いますが、私は必要な時以外、絶対に早起きしませんせん（笑）。なぜなら、早起きは私にとって頑張らないといけないことだからです。先ほど頑張ることは、量子力学的観点では力が抜けてしまうとお伝えしましたが、大切なのは、それが好きか好きでないか、それが「頑張らなくてもしたいことなのか」

が見極めるポイントです。

私も以前は、人を見送る時や、何かを始める人に「頑張ってね」と声をかけていました。でもこの実験結果を目の当たりにして以来、

「いってらっしゃい」

「ベスト尽くしてね」

「楽しんできてね」

という言葉をかけるようにしています。

言霊を大切にする際に、愛と感謝の周波数に意識を向けてみましょう。エネルギーの中でも、愛と感謝のエネルギーは最も高い周波数を持っています。

そのため「愛している」「ありがとう」「大好き」といった愛と感謝にあふれる言葉をどんどん使ってみてください。

愛と感謝の言葉が、あなたの日常に輝きをもたらし、素敵な奇跡が日常的に起こっていきますよ。

大切な人を幸せにする祈りの力

最後に祈りの力についてお伝えします。

このChapterでは「望む現実はあなた次第で引き寄せることができる」とたびたびお伝えしてきました。

祈りの力にはまだ、科学的根拠となるような事例が多くあるわけではありません。しかし、

「○○ちゃんがいつも幸せに過ごせますように……」
「友達の夢が叶いますように……」

と祈っていると、なぜかその祈りは届きます。私も生徒さんが素敵なセラピストになったという未来をいつもイメージ（観測）しています。

私自身の経験ですが、大きな病気で生死をさまよっている方に向けて、遠方からみんなで「ありがとう」という祈りのエネルギーを送ったことで、その方が奇跡的に回復したということを何回も経験しました。

祈りが病人の回復に対して効果的かどうかについて、アメリカではいろいろな研究が行われています。祈りについて多くの著作のあるラリー・ドッシー氏は、医学専門誌に次のような実験例を発表しています。

カリフォルニア大学で行われた実験では、心臓病の患者393人を、192人と201人の2つのグループに分けました。そして、192人のグループにだけ毎日、他の人々から祈りを送ってもらいました。すると、**祈りを送ってもらったグループで病状が悪化したのは9人だったのに対して、送ってもらわなかったグループでは48人も悪化したそうです。**

また、デューク大学が、1986年から1992年に行った実験もあります。この実験では、65歳以上の4000人を調査したところ、**毎日祈りをささげてい**

る人は、祈らない人よりもずっと長生きしたそうです。

祈りの効果は、実験によっても科学的にも証明され始めているようで、これらの実験によると、祈りを送られる人だけでなく、祈っている人にも良い効果がもたらされています。

また量子力学の観点からも、私たちが心から幸せを感じ、その「幸せのキラキラフォトン」で自分自身を満たすと、その周波数の波に共鳴するように幸せな出来事が引き寄せられ、人や情報が自然と集まってくるのです。

幸福感に包まれたあなたが、まるで輝く星のように、周りの人をも照らし出す様子を想像してみてください。あなたの微笑みや優しい言葉が、波のように広がっていくことで、もっと多くの人々が幸せを感じ、さらにその結果としてあなた自身の夢も形になっていくのです。

まとめ

◆量子力学的には、「意図（観測）」することがまず大切♡
◆幸せになることで夢は叶い、さらに幸せのスパイラルが起こる♡
◆キラキラな幸せ周波数を出して、望む現実を引き寄せよう♡

Chapter

4

自分の本質を知り、人生の道標を手に入れるためのツール数秘術

本当の自分を知る　数秘術

Chapter3では、量子力学の観点から、人の固有振動数（周波数）について説明してきました。もしあなたが「なんとなく自分らしく生きられていない気がする」と感じていたら、あなたの本来の周波数とずれた生き方をしているのかもしれません。

そこで、次は自分らしい周波数を知るためのツール「数秘術」についてお伝えしていきます。

歴史から紐解く数字の世界

数秘術についてより知っていただくために、まずはその神秘的な歴史を紐解いてみましょう。

数秘術の歴史は、約2500年以上前、古代バビロニアから始まります。その時代、数字はただの計算の道具ではなく、深い意味と力を持つと信じられていました。そしてこの信念を実証し、広めたのが、古代ギリシャの哲学者であり数学者でもあったピタゴラス氏とその弟子たちです。

ピタゴラス氏といえば「三平方の定理」で有名ですが、彼は数字の神秘に深く魅了されていました。「万物は数なり」という彼の哲学は、世界そのものが数字で成り立っているという美しい考えです。彼はその信念のもと、1から9までの数字に特別な意味を見出し、「ピタゴラス式数秘術」を生み出しました。

このピタゴラス数秘術がさらに発展し、ユダヤ文化の中で「カバラ数秘術」として花開きます。カバラ数秘術は、神秘主義のカバラ聖典の一部で、数字のエネルギーを通じて運命をより良いものに導く、深遠な教えです。

伝えられるところによれば、古代の王様たちは帝王のエネルギーを身にまとう王子を計画的に産むために、星や数字に基づいて誕生日を選んだと言われています。帝王切開の起源ですね！

また現代においても、ユダヤ人には多くの大富豪がいます。その理由の一つとして、このカバラの教えを大切にし、数字のエネルギーやバイオリズムを忠実に守っているからだとも言われています。

数秘術には他にもさまざまな流派があり、多くの人々の生活や生き方に重要な影響を与えてきました。長い歴史を通じて、数字の持つエネルギーは、私たちの心に深い響きをもたらし、数々の運命を導いてきたのです。

あなたも、数字の世界に隠されたエネルギーに思いを馳せることで、心の奥底に響く新たな視点や導きを見つけられるかもしれません。その神秘を感じ取り、あなた自身の人生の物語を美しく描き出していただければと思います。

人生の道標を手に入れる数秘術

数秘術と出逢ったその日、私の人生が大きく変わりました。長い間、心の奥底に満たされない何かを感じていた私が、「自分らしく生きる」ことの意味を初めて理解できたのです。

実は、数秘術に出逢う前、私には婚約者がいて結婚を控えていました。多くの人がそうするように、私も「結婚して家庭を持つのが普通」「親が喜ぶから」という理由でその道を選んでいました。でも、時間が経つにつれて、心の中に違和感が広がり、本来の自分らしさがどんどん奪われていくような感じがしていました。

やがて、その違和感がピークに達した時、私は違う道を選ぶ決断をしました。でも、その決断が本当に正しいものだったか自信を持てずにいました。そんな時、数秘術との出逢いがあり、私は自分の選択が間違っていなかったと心から信じることができるようになったのです。

数秘術では、誕生日や名前を数字に変換し、それぞれの数字が持つ特性や運命を読み解きます。私の使命を示す「ディスティニーナンバー」を調べると、「8」という数字が浮かび上がりました。この「8」という数字が私の使命を示していると知った瞬間、不思議と心の中のモヤモヤが消えていくのを感じました。

「8」は、力強さや経済的な成功、拡大や繁栄を象徴する数字です。この数字の意味を知った時に気づいたのは、私が本当に求めていたのは、「他人の期待や世間の常識に沿った幸せではなく、私自身の力で人生を切り拓くことだった」と感じたのです。

この気づきが、私らしい使命を生き、協会を設立するための大きな一歩となりました。

数秘術に導かれて、私は自分自身の内なる力と可能性を再確認できました。それ以来、自分の数字が持つ意味を信じて、どんな時でも自分らしい道を進んでいます。

数秘術は、誕生日から次の7つの数字を出します。

- **ライフパスナンバー**……人生の目的、生き方
- **ソウルナンバー**…………深い欲望、魂が喜ぶこと
- **パーソナリティナンバー**…周囲に見せている自分、ペルソナ
- **ディスティニーナンバー**…主に仕事に表れる、自分の使命
- **マチュリティナンバー**……36歳以降に与えられるギフトナンバー
- **条件付け**…………………愛されるため無意識に身につけた考え方、クセ
- **生まれ日**…………………20歳くらいまでの生き方、考え方

数秘術が示してくれた道は、私が本来進むべき道へのガイドとなりました。

数秘術を知らなくても、もちろん幸せに生きている人はたくさんいます。自分の数秘ナンバーと違う生き方をしていても、心から幸せならそれが一番です。で

も、もし心の片隅に少しでも引っかかるものがあるなら、ぜひ一度数秘術であなたのタイプを知ってみるのもいいかもしれません。

数秘術のナンバーは、あなたが生まれる前に描いた人生の地図のようなもの。人生に迷った時や何かに躓きそうな時、その地図を開いてみてください。地図を見れば、「あ、少し目的地からずれているかも」と気づき、進むべき方向を見直す手助けになります。

数秘術は、あなたが本当に進むべき道を見つけるサポートをしてくれます。あなたも、数秘術を使って幸せの道しるべを見つけてくださいね。

コミュニケーション改善に数秘術を活用する

数秘術は、自分自身や生きる方向性だけでなく、人との相性も知ることができます。

私たちが生きている限り、人間関係を避けて通ることはできません。パートナー、子ども、友達、同僚や上司との関わりの中で、こんな気持ちを抱いたことはありませんか？

「なぜこの人はこんなことを言うのだろう？」
「この人とは一生わかりあえないかも…」

そんな時、数秘術が助けてくれます。数秘術を使えば、周りの人が持っている数字から性格や性質を知ることができます。そしてその情報を持って接することができれば、人間関係は劇的に良くなるのです。

たとえば、親子関係に悩んでいる人がいるとします。「4」の数字を持つ親と、「5」の数字を持つ子どもです。この親子は全然違うタイプです。

「4」を持つ親は真面目で現実的。何かにしっかり取り組むのが得意です。一方、「5」を持つ子どもは好奇心旺盛で自由を求める性格。新しいことに挑戦するのが好きです。

この2人が一緒にいると、どうしてもすれ違いが起きやすいのです。親は「きちんと育てなきゃ」と思い、子どもは「もっと自由にさせてほしい」と感じます。こうなると、親は「ちゃんとしつけられない自分が悪い」と考え、子どもは「親の期待に応えられない自分はダメだ」と感じてしまいます。これって、悲しいことですね。

でも、数秘術を使えば、お互いの違いや強みを知ることができます。例えば、「4」を持つ親は、数秘術の知識で「子どもの自由な生き方を応援しよう」と思えるようになります。これにより、親の視点が変わり、子どもの気持ちをもっと理解できるようになるのです。

もちろん、他の数字の組み合わせでも同じことが言えます。

数秘術を仕事に活かすために勉強し始めた生徒さんが「長年悩んでいた親子関

係がすごく良くなりました」と涙ながらに語ってくれたこともあります。

私たちは皆、それぞれに異なる価値観を持って生きています。時には、その価値観があまりにも自然すぎて「自分の考えが世の中の普通」だと思い込んでしまうことがあるのです。これが、すれ違いの原因になるのです。

あなたが大切にしている価値観、そしてあなたの周りにいる大切な人たちの価値観を互いに理解し、尊重し合える関係を築けたら、人間関係は驚くほどスムーズになり、心が満たされるようになるでしょう。

幸せになりたい♡と思っているあなたには、人間関係も最高の形で築いてほしいのです。さあ、一緒にあなたとあなたの周りの大切な人の性質を知り、そこから「幸せ脳」のタイプを見ていきましょう。

数秘術から読み解く　あなたの「幸せ脳」のタイプ

さあ　お待たせしました。早速あなたの数秘を読み、「幸せ脳」のタイプを解き明かしていきましょう。

この本では、７つのナンバーの中で最も重要な数字、ライフパスからあなたの本質、そして「幸せ脳」のタイプを導き出していきます。

その他のナンバーが知りたい方は、専用のアプリからあなたのナンバーをチェックしてみてください。

ご家族やお友達など周りの人の「幸せ脳」のタイプもぜひ調べてみてくださいね。

無料占いサイト
「野元美沙の数値証明数秘術」
こちらから⇩

数秘術・ライフパスナンバーの出し方

・ライフパスナンバーの計算方法

生年月日の「年（西暦）」「月」「日」の各数字をひとつずつ足していきます。
1桁の数字もしくは「11」「22」「33」になるまで足し算を続けましょう。

例）1974年7月24日生まれの場合

①まず、すべての数字を足します。
1＋9＋7＋4＋7＋2＋4＝34

②1桁になるまで足します。
3＋4＝7　ライフパスナンバーは「7」と計算できます。

あなたのライフパスナンバーはわかりましたか？

あなたの
ライフパス
ナンバーは？

❶前向きでエネルギッシュ♡　パワフルなリーダー脳タイプ

行動力と瞬発力に優れ、決断したことは必ず成し遂げる強い意志を持っています。自信があり、高いプライドとともに前進し続けるエネルギーで、トップクラスのパフォーマンスを発揮します。

経営者や政治家、営業、商品開発など、華やかで自主性が重視される職業に適しています。リーダーとしてチームを導くことが多く、周囲に活力と元気を与える存在です。

しかし、時折一人で突っ走ってしまいがちなので、壁にぶつかった時は立ち止まり、周囲のアドバイスに耳を傾けてください。謙虚に自らを振り返ることが、成長の糧となり、さらに優れたリーダーとしての品格を磨くことができるでしょう。

❷気配り上手な調和の天使♡　支え上手なサポーター脳タイプ

溢れる愛と調和力を持ち、サポーターとしての才能に恵まれています。穏やかでお世話好きで、美しく優雅な世界観と女性的なエネルギーに満ち溢れています。人との調和を大切にし、影から支援することが得意です。秘書、カウンセラー、接客業など、誰かをサポートする職業が適しています。きめ細かな感性と包容力で周囲に癒やしと安らぎをもたらす存在。控えめで謙虚な印象を与えますが、実は平和的に物事を解決できる影の実力者でもあり、真の強さを持ち合わせています。

時には相手の感情に振り回されることもありますが、しんどい時には勇気を持って「ＮＯ」と伝えることが大切です。そうすることで、自分を大切にし、より愛に満ちた人生を築いていくことができます。

❸好奇心旺盛で創造力豊か♡　天真爛漫なクリエイティブ脳タイプ

明るく活発で楽観的、好奇心旺盛です。固定概念や型にはまることを嫌い、オリジナルを生み出す創造力を持つ天才です。人懐っこく愛されキャラで、子ども心を持ち、豊かな感性からユニークなエンターティナー。クリエイターやプロデューサー、ライターなど、芸術やクリエイティブな分野で輝きを放ちます。人を喜ばせ、楽しませる才能に溢れており、興味のあることには全力で取り組む一方、興味のないことにはまったく関心を示さないのも特徴です。

人生のテーマは「喜びと楽しさ」。どんな状況でも楽観的に捉え、苦労すら楽しみながら才能を開花させることができます。常に新しい挑戦を求めて前進し続けるその姿勢が大きな成長につながります。

❹誠実で堅実♡　努力家でしっかり者のリアリスト脳タイプ

責任感が強く、安心・安全・安定を何より大切にする人です。自分の計画通りに物事が運ぶことに喜びを感じ、努力を惜しまず、コツコツと物事を積み上げていくことが得意です。

経理や弁護士、税理士、銀行員などの堅実な職業で、その才能を最大限に発揮できます。物事を客観的に把握する能力に優れ、人との距離感のとり方もとても上手です。自分が人前に出るのではなく、優しい心で周りを気遣い、みんなのサポート役として活躍します。

人から干渉や邪魔をされてペースを乱されることは苦手ですが、「臨機応変」な行動を意識することで、気持ちが楽になり、新しい楽しみや得意なことを見つけることができます。着実に土台を築いていく大器晩成タイプです。

❺知的探究心旺盛♡　フットワークの軽い自由人脳タイプ

安定よりも変化を好み、頭の回転が早くフットワークが軽いのが特徴です。自由を何よりも好み、束縛されるのが苦手、チャレンジ精神と諦めない心を持ち、結果を出すことに情熱を注ぎます。五感が鋭く、多芸多才で話題も豊富でコミュニケーションも得意な人気者。

営業や流通、ＩＴ、ファッション分野で、その行動力やセンスが輝きます。一箇所に留まらず、多くの場所で人と交流し、新しい情報を収集したり、自分の経験をシェアしたりするのが得意です。まるで冒険者のように、体験を通じて人生を楽しみます。

ただし、固定観念や厳しいルールの中では、その才能が十分に発揮されないかもしれません。どんな場所でも自由を求めて、軽やかに突き進む勇気を持つことが大切です。

❻献身的で愛情豊か♡　優しさで包み込む母性脳タイプ

愛することや調和を大切にし、心を満たす美しいものに惹かれます。母のような包容力で周りに安心感を与えます。人の意見や感情に寄り添いながら、深い愛情を通じて信頼関係を築くのが得意です。

接客業や教育、福祉、医療、セラピーなど、人を育てたり癒やしたりする職業に向いています。お世話好きで、いつも誰かの役に立ちたいと考える傾向があり、共感力や正義感、奉仕精神がとても強く、時には自分を犠牲にしがちです。しっかりと愛情を受け取ることで、自信を育み、周りにより深い愛情を注ぐことができます。

豊かな美的センスと感受性を持つあなたは、世の中の多様さを受け入れ、愛と優しさに溢れた日々を生きることが人生のテーマです。

❼クールな理論家♡　崇高な美学を持つ探求者脳タイプ

人と群れることよりも、「個」を重視する個人主義者。クールで思慮深く、何事も器用にこなすタイプです。分析力、直観力、集中力に優れ、専門分野を極めることを最も得意とします。哲学的な思考を持ち、ひらめいたことを理論的に説明するのも上手です。

研究職や技術職、システムエンジニア、コンサルタントなど、専門的で個人のスキルが評価される仕事が向いています。

冷静で孤独を好むためにクールに見られがちですが、実は内なる情熱と深い思いやりを秘めた人。意外と寂しがり屋で、自分の安心できる居場所を確保し、周りの動向に柔軟に対応しながらも程よい距離感を保つことが大切です。瞑想をしたりして、鋭い洞察力と天性の直感力を活かしましょう。

❽ 行動力と上昇志向♡　芯の強い野心家脳タイプ

理想や目標の達成に向けてエネルギッシュに行動する情熱家タイプ。「仕事が趣味」というタイプも多く、逆境やピンチに直面するとさらにやる気が増すタイプです。義理堅く、人情を重んじ、周囲の面倒をよく見る姿勢からリーダーとして慕われ、チームを力強く引っ張っていくのが得意です。

野心があり、判断力と経営力に優れ、起業家や政治家、プロデューサー、建設業など、チームプロジェクトや大規模な仕事で才能を発揮します。テーマは「豊かさの拡大」。人脈、情報、資金を上手に循環させ、自己実現を図ります。

しかし、自信家で負けず嫌いなため、自分を厳しく責めがち。時には人を頼ったり、相談を受けたり、自分を許すことも心がけることが大切です。

❾理想を追求♡　ロマンチストな博愛主義者脳タイプ

自然な優しさと穏やかな佇まいで、すべての行動に社会的意義と貢献を追求するタイプです。常に相手の立場に立って考え、困った人のサポートも自然にできるため、周囲から熱い信頼を得ています。みんなが平和に幸せに暮らせるように願う博愛主義者。物事を俯瞰し、客観的に捉える才能があり、明確な善悪の基準を持ちながら、自らも正しい生き方を大切にします。

適職としては、医療や福祉、公務員、カウンセラーなど、人々のためにスキルを発揮できる職業が挙げられます。受容力と柔軟性に優れ、誰にでも対応できる反面、他人に合わせすぎて疲れてしまうことも。そんな時は、自分を優先して嫌なことは断る勇気を持ちましょう。周りも自分も幸せになる選択を心がけましょう。

⓫繊細な感受性とアンテナ♡直感力で導くメッセンジャー脳タイプ

感覚に優れたひらめきの天才で、繊細な感性を持つため、ロマンティックな世界観を持つ人です。

芸術や音楽などのクリエイティブ分野や、カウンセラー、ヒーラーとしてその才を活かせます。一見すると近寄りがたい雰囲気がありますが、人と関わることが好きで、話し上手です。ただ、本当の自分をさらけ出すには時間がかかり勇気が必要です。

理想が高く、あえて困難な道を選び、波乱に満ちた人生を歩むこともあります。その経験が言葉に深みを与え、悩める人々を導くメッセンジャーとしての資質を磨きます。アンテナの感度が高いため、神経質で感情的になることも。ひらめきと直感力を大切に言葉に想いを乗せて伝えていきましょう。

㉒統率力と誠実さ♡
高い理想を実現するカリスマ脳タイプ

世のため、人のため、地球のためと壮大なスケールで考え、人並み外れた大胆な発想、行動力、そして強運を武器に、高い理想を実現するエネルギーを持っています。強烈な個性や行動力で、多くの人を惹きつけ巻き込んでいくカリスマ。人脈が広く、普通はあり得ないような経験も数多くします。

地味で単調な仕事ではなく、芸能人や経営者、宗教家といったキャラクター性を発揮できる仕事に向いています。凡人にはない大物感がある一方で、人生においては「安心　安全」も大切にします。これは、22の合計数である4の要素も色濃く出るためです。

強い責任感、自分に課した厳格なマイルールから時にしんどいと感じることも。スケールの大きさを意識して、カリスマ感を発揮しましょう。

㉝独自の感性♡
菩薩のような宇宙人脳タイプ

基本的に優しく、明るく無邪気で独自の価値観で行動する人。人類の幸せこそを幸せに感じ、奉仕できる菩薩のような博愛主義者です。無償の愛の持ち主で、金銭や社会評価より、人を助けて、笑顔にすることが喜び。守りたい人には献身的に尽くします。

芸術的センス抜群で、クリエイティブな分野で才能を発揮。教育や福祉、医療など、育成や癒やしに関わる仕事も向いています。

地球の感覚がよくわからず、ザ・宇宙人的な感覚も。個性的で他の人と違っていてもいいという突き抜けた感覚を持てるようになると、本来の才能が発揮できるようになります。

あなたの「幸せ脳」のタイプは？

❶	前向きでエネルギッシュ♡ パワフルなリーダー脳タイプ	レッド 明石家さんま　ROLAND
❷	気配り上手な調和の天使♡ 支え上手なサポーター脳タイプ	オレンジ 真田広之　上皇后 美智子様
❸	好奇心旺盛で創造力豊か♡ 天真爛漫な クリエイティブ脳タイプ	イエロー 宮崎駿　MISIA
❹	誠実で堅実♡ 努力家でしっかり者の リアリスト脳タイプ	グリーン 北野武　ビル・ゲイツ
❺	知的探究心旺盛♡ フットワークの軽い 自由人脳タイプ	ターコイズブルー 孫正義　松本潤
❻	献身的で愛情豊か♡ 優しさで包み込む母性脳タイプ	ネイビー ジョン・レノン　松下幸之助

❼	クール な理論家♡ 崇高な美学を持つ 探求者脳タイプ	パープル イチロー　木村拓哉
❽	行動力と上昇志向♡ 芯の強い野心家脳タイプ	マゼンダ 大谷翔平　安室奈美恵
❾	理想を追求♡ ロマンチストな 博愛主義者脳タイプ	ホワイト　ブラック 中居正広　美空ひばり
⓫	繊細な感受性とアンテナ♡ 直感力で導く メッセンジャー脳タイプ	ロイヤルブルー 美輪明宏　マドンナ
㉒	統率力と誠実さ♡ 高い理想を実現する	ゴールド 坂本龍馬　松田聖子
㉝	独自の感性♡ 菩薩のような宇宙人脳タイプ	レインボー 福山雅治　黒柳徹子

あなたの「幸せ脳」のタイプはいかがでしたか？

質問　あなたの「幸せ脳」のタイプは？
それを知ったら、これからどのように行動しますか？

まとめ

◆数秘術はあなたの人生の道標♡
◆「幸せ脳」のタイプを知り、あなたらしさを発動しよう♡
◆大切な人の「幸せ脳」のタイプを知り、ハッピーな人間関係を♡

Chapter

5

潜在意識を活用し 夢を叶えるためのツール ドリームヒプノセラピー®

潜在意識にアプローチする　ドリームヒプノセラピー®

「幸せ脳」へアプローチするために、潜在意識に働きかけるドリームヒプノセラピー®を3つ目のツールとしてご紹介します。

私たちの意識の中には、顕在意識と潜在意識の2つがあり、日常的に気づいていない心の部分を潜在意識、または無意識と呼びます。ここには、たくさんの記憶や感情、考え方、経験が蓄積されています。

なぜこのアプローチが大切なのかというと、今あなたが幸せを感じられなかったり、自信を持てなかったりする原因は、潜在意識に隠れているからです。

ドリームヒプノセラピー®は、この潜在意識にアプローチして、あなたが叶えたい未来に導いてくれるメソッドです。それでは、ドリームヒプノセラピー®について詳しくお伝えしていきますね。

私とヒプノセラピーの出逢い

前述の通り、私はヒプノセラピーに出逢って摂食障害を克服しました。その経験を活かして、同じように悩んでいる方をサポートしたいと思い、ヒプノセラピーのサロンを立ち上げました。

ヒプノセラピーとは、催眠療法のことです。催眠というと、怪しげな印象を持たれるかもしれませんが、ヒプノセラピーは、1958年に米国医師会に正式に承認された科学的な心理療法です。

私たちが抱えるストレスやトラウマ、自分でも気づいていない心の苦しみ、あるいは親から受けた心の傷など……こうしたものを潜在意識の中で見つめ直し、癒やしていくのがヒプノセラピーです。

ヒプノセラピーで自分と向き合うと、今の悩みは「あなた自身の奥深い部分が原因だった」ということに気づけます。私たちが自覚していない潜在意識の中に、価値観や思い込みが根付いていて、それが知らない間に私たちを幸せから遠ざけるブロックになっていることがあります。

そのブロックは人それぞれ形が違いますが、共通しているのは「〇〇でなければ愛されない」という思い込みです。

私はこれまで多くのクライアントさんとヒプノセラピーセッションを行ってきましたが「良い子じゃないと両親や周りの人に愛されない」という幼少期からの思い込みを持つ方が多くいらっしゃいました。

「だから私は愛されない」
「だから私はダメなのだ」

こういった思い込みを持っていると、その思い込み通りの現実を自分自身で作り出してしまうのです。

ヒプノセラピーは、自分で自分に植え付けたネガティブな価値観に気づき、書き換えることができます。潜在意識で「本当は良い子でも、良い子じゃなくても愛されていたのだ」ということを理解することで、初めて自分を認めて許せるようになるのです。

あなたはあなたのままで愛される存在だということを再認識することを、私は「心に愛のお水をまく」と表現しています。ネガティブな状態からニュートラルな状態に戻り、ありのままの自分を愛せるようになることがヒプノセラピーの最も大切なプロセスです。

そして、ヒプノセラピーはマイナスの状態をニュートラルに戻すだけでなく、1を100に変える力も秘めているのです。それを実現可能にするのが、「ドリームヒプノセラピー®」メソッドです。

潜在意識の2つの大きな特徴

ドリームヒプノセラピー®の扉を開ける前に、まずは潜在意識について少しお話しさせてください。

私たちが普段意識している「顕在意識」は全体のわずか5％にすぎず、残りの95％以上は「潜在意識」が占めていると言われています。

この潜在意識は、普段意識していないけれど、私たちの行動や感情に大きな影響を与える心の深い部分です。潜在意識が私たちの意識のほとんどを支配していると言ってもよいでしょう。

そんな潜在意識には、これまでに経験したこと、見聞きしてきた情報、思考、習慣などが蓄積されています。まるで心の倉庫のようなものです。その中には「良い子でなければ親に愛されない」「お金を稼ぐことは悪いことだ」「頑張らない自分には価値がない」といった思い込みやブロックも深く刻まれています。

この潜在意識は、2つの大きな特徴を持っています。

氷山の一角みたいに見えているのは、たったの5%

1つ目は、「変化を嫌う」ということです。

人間は変化に弱い生き物だと言われます。職場や家庭の環境が少し変わっただけで、私たちはストレスを感じたり、不安を抱いたりしますよね。これは単なる感情だけではなく、潜在意識が関係しているのです。

生物が進化する過程で、未知の環境や新しい状況は生存リスクが高いとされてきました。新しい果実を食べたら、毒かもしれない、新しい場所に行ったら、誰かに襲われるかもしれない、といった本能的な恐れがあるのです。したがって、潜在意識は「住み慣れた安全な環境」に留まることを優先します。

これが潜在意識の本質。つまり潜在意識には、自分の命を守るために現状を維持しようとする防衛本能があります。〝いつも通りの自分〟に留まろうとする「現状維持プログラム」は、「コンフォートゾーン」とも呼ばれます。

コンフォートゾーンは、過去の経験から形成され、私たちの潜在意識の倉庫にしっかりと収められています。そのため、私たちは無意識のうちにこの潜在意識に影響され、現実を作り上げているのです。「新しいことに挑戦するのが怖い」「失敗するのが怖い」「自分には成功できる自信がない」などの感情を生み、せっかくの新しい挑戦を避けてしまうのです。

そして、もう一つの大きな特徴は、

潜在意識には「過去・現在・未来という時間軸がない」ということです。

たとえば、来週大切なプレゼンテーションがあるとしましょう。もしそのことに対して強い不安や緊張を感じるなら、それは未来の出来事が現在のあなたの感情や行動に大きな影響を与えているということです。潜在意識はそのプレゼンテーションという未来の出来事を、まるで今起こっていることのように感じるのです。

さらに、楽しかった思い出を思い出すと自然と笑顔になれますよね。これは、潜在意識が過去の出来事を「時間が経った過去のこと」ではなく、「今この瞬間のこと」として感じているからなのです。

もちろん、叶えたい未来についても同じことが言えます。未来の出来事を強くイメージすると、潜在意識はそれを「今ここで経験していること」と同じように感じます。

ドリームヒプノセラピー®は、この性質を利用します。潜在意識に「未来のなりたい自分」をインプットすることで、現実もそのイメージに合わせてどんどん変わっていくのです。

量子力学のChapterでもお伝えしましたが、あなたの意識次第で、あなたから出る周波数は変わり、現実に起こる出来事も変わるのです。

つまり、不要な思い込みやトラウマを取り除き、潜在意識の倉庫を整理して、「こうなりたい♡」と願う夢を格納していったら……「なりたい自分」や「叶えたい夢」がどんどん実現することになりますよね♡

さあ、これでドリームヒプノセラピー®メソッドの扉を開ける準備は整いました。

夢を叶えるドリームヒプノセラピー®とは

ドリームヒプノセラピー®とは、ヒプノセラピーをベースに意識の95％以上を占める潜在意識に働きかける手法です。

潜在意識にあなたが本当に望んでいる「なりたい未来のイメージ」をインプットすることにより、それを現実化させていくメソッドです。

もし、今あなたが、「まだ夢を叶えられない……」「幸せではない……」と思っているとしたら、その理由は大きく分けて3つあります。

1　あなたの本当の夢やありたい姿、望むゴールが明確でない

2　潜在意識の「現状維持プログラム」が働いている

3　潜在意識を変えなければ現実は変わらないという真実を理解できていない

「現状維持プログラム」とは、潜在意識が安全を求めて現在の状態を継続しようとするコンフォートゾーンのことを指します。潜在意識は今の状態を良いも悪いも含めて保とうとするため、なかなか変わろうとしません。

でも、安心してください。今のあなたが、この状況から抜け出して夢を実現するために必要なのは、まず潜在意識の力を理解し、それを書き換えることなのです。ここまで分かれば、もうバッチリです。

あとは、あなたの心の中にある、本当に叶えたい夢やなりたい姿を見つけ出すだけです。どうか素直な気持ちで、あなたが本当に望む姿を想像してみてください。

この本では、あなたの本当の夢を見つけて実現するためのツールとして、私が考案したドリームノートをご紹介します。このドリームノートは、まさに「書いた夢が叶う」魔法のノートです♡

ドリームノートは、あなたがなりたい姿や達成したいゴールを明確にイメージし、それを具体的に書き込むためのものです。これにより、**あなたの潜在意識がその内容を取り込み、行動が変わります。すると、望む現実が次々と引き寄せられ、あなたの願いが加速的に実現していくのです。**まるで魔法の絨毯に乗ったかのような体験があなたを待っています。

実際に、28歳でヒプノセラピストとして起業した私は、毎年のお正月に姉と一緒にドリームノートを作ることを習慣にしていました。驚くことに、そのノートに書いたほぼすべての夢が、その後の5年間で次々と実現していったのです。

「あなたがイメージできるものは必ず実現できる」——これがドリームヒプノセラピー®の基本的な方程式です。

ドリームノートに書き出すことは、これから現実に起こることの種をまくようなものです。そして、それは未来のあなたからの「ここを目指して進んでね♡」というメッセージでもあります。たとえるなら、カーナビをセットするようなものです。あとは、ナビの指示に従って進んでいくだけです。

ドリームヒプノセラピー®では、潜在意識からの1年後のあなたがコーチとなって、今のあなたにアドバイスをくれます。セルフでも行えますが、瞑想誘導音源もあります。

未来の自分から今必要なメッセージやアドバイスを受け取り、その通りに行動していけば、現実が変わっていきます。未来の夢が叶ったあなた自身から直接必要なメッセージが受け取れるというのは、とてもすごいことだと思いませんか。

実践！ ドリームヒプノセラピー®メソッド

Step1

【STEP1】 ドリームノートと夢リスト100を作ろう

とっておきのノートを1冊用意します。あなたの夢を伴走してくれるお気に入りのノートを見つけてください。まず、夢の100リストを作ります。これは、これから叶えたい未来の夢一覧になります。1年後、3年後、一生をかけて叶えたい夢をランダムに思いついたまま書いていきましょう（ノートの9ページ目から書き始めてください）。

たとえば…

予約が取れない人気のセラピストとして貢献できるようになりました
本が出版されて、ベストセラーになりました
英語をペラペラに話せるようになり、世界で仕事ができるようになりました
年収1億が叶いつつあります
本格的な着物を購入して、日本の文化を楽しんでいます
ヨガのインストラクター資格を取り、心も体もさらに健康です
箱根の素敵な旅館に泊まってリフレッシュできました
お気に入りのブーツが買えました
高級ホテルで一週間リラックスする至福の時間を取れました

小さなことから大きなことまで、この人生でやってみたいと思いついたことをたくさん書き出していくのがコツです。

この時には文体を意識してみましょう。「〇〇です」「〇〇なりました」のように、現在形や過去完了形で書いてください。でもちょっと言い切るのは、怖いな、難しいことかな……と感じるものは、「〇〇しつつあります」「〇〇なりつつあり

ます」と書いてみましょう。

書き終わったら、もう叶った気分で声に出して読み上げてみましょう。読みながら「うふふ♡」とニコニコ幸せな気持ちに浸っていると、叶う確率はどんどん上がります。やりたいことには、行動を開始する日付を入れます。そして達成できたら斜線でチェックを入れていきます。チェックを入れていくたびに、「すごい、夢が叶ってる！」とワクワクします。

半年後くらいに見返してみると、たくさんの夢が叶っていることが嬉しくてたまらなくなりますよ。１００個のリストで、あなた自身がやりたいこと、ありたい姿がはっきり見えてくるはずです♡

【STEP2】 夢を8つのカテゴリーに仕分けていこう

開けておいたドリームノートの最初の8ページは「最もなりたいあなたや叶えたい夢」を貼る場所です。

まず、8つのカテゴリー「仕事・家庭・財産・仲間・健康・精神・趣味・教養」の付箋をあなたの優先順位に沿って貼っていきます。

1ページ目にはあなたの「ありたい姿・夢」を書きます。2ページ目からはカテゴリーごとに、やりたいことをノートに書き出していきます。これは、あなたの未来日記です。「どうなったら幸せかなぁ」とワクワクした気持ちで、理想のあなたの未来を想像しながら書き出してください。

Chapter 5 潜在意識を活用し夢を叶えるためのツール　ドリームヒプノセラピー®

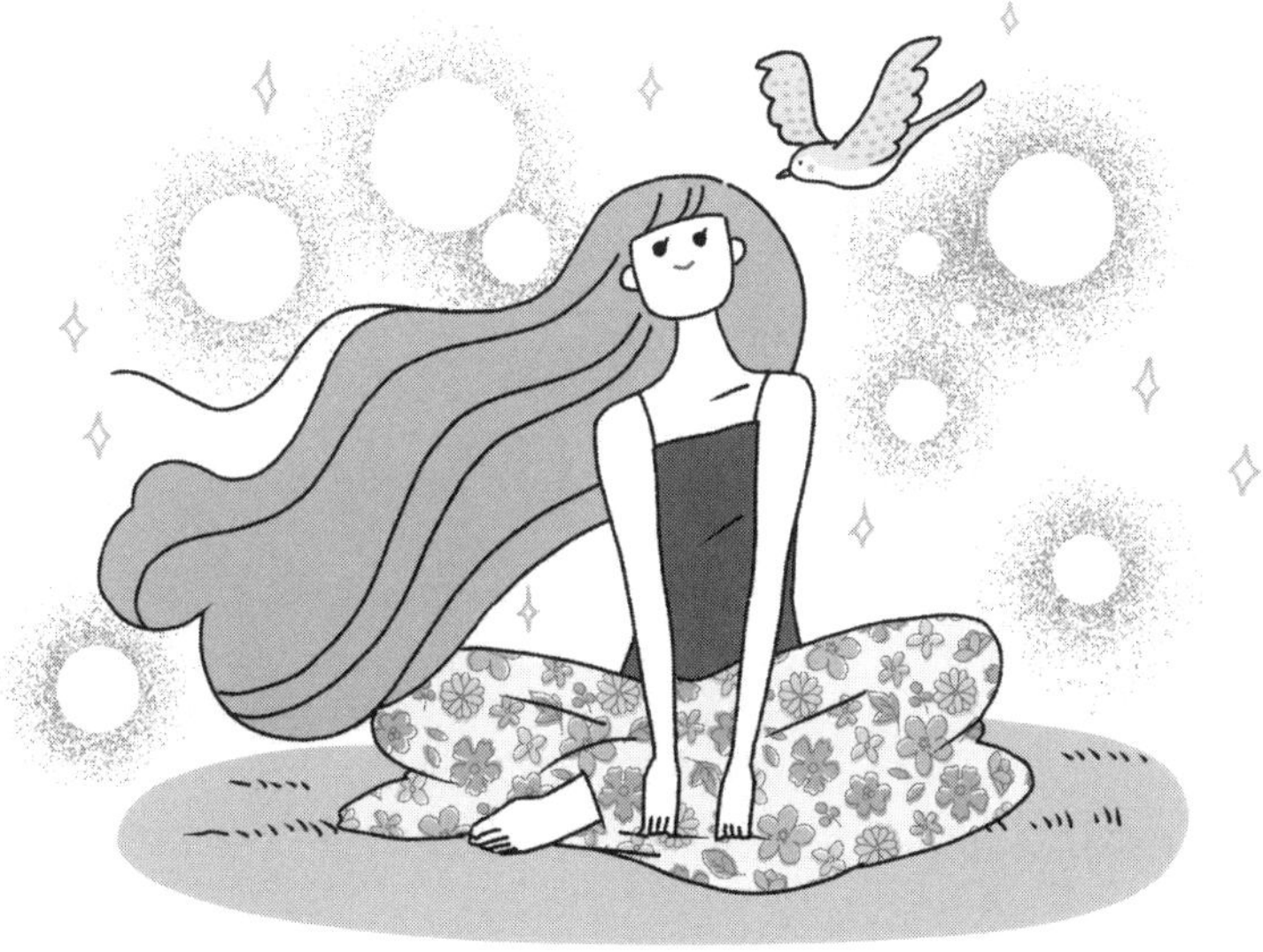

How to Create Your Dream Notebook

ドリームノートの作り方

あなたの本当の夢を見つけて、それを可視化するためのツール「ドリームノート」。ドリームヒプノセラピー®の実践には欠かせない存在です。なりたい姿、ゴールをより具体的にイメージすることで、あなたの潜在意識が変わり、願いが叶っていきます。早速ドリームノート、作ってみてくださいね！

必要なもの

- □ いつも見たくなるようなお気に入りのノート
- □ 筆記用具
- □ 付箋（紙とのりで作ってもOK）

ノートを書くときに大切なこと

- ワクワクした気持ちで、理想の自分をイメージしながら作りましょう
- リラックスし、自分の本音とつながった状態を意識しましょう
- ノートを見て、叶った時の感情を味わいましょう
- 毎日のアファメーションをプラスするとなおよし！
- ただの思いつき（直感）もスルーせずに書き留めましょう

ドリームノートの作り方

1 8つのカテゴリに仕分けしましょう

付箋に8つのカテゴリを書きます。

仕事	家庭	財産	仲間
健康	趣味	精神	教養

自分の中での優先順位を決めて、1ページに1つのカテゴリとしてまずはカテゴリの付箋を貼ります。さらに別の付箋に、なりたい姿、夢を書いて、カテゴリに分けてペタペタと貼っていきましょう。

これは、未来日記。ページ内が夢で溢れていて、眺めているだけでも楽しくなってきますよ！

2 夢リスト100を作りましょう

1年間のゴールリストを掲げて、やりたいことを全部書き出しましょう！

・ピアノを始める
・油絵を始める
・子どもと遊園地に行く
……

Point

- 一つひとつに行動開始の日付を入れる
- できたらチェックを！
- 〇〇したい、ではなく〇〇している、と書く
- 願い事は過去形、言い切る、もしくは「実現しつつある」などの現在進行形で書いてもＯＫ

リストを眺めていると、なりたい自分像がはっきり見えて、自分の行動もどんどん見えてくるはず！

ドリームノートはあなたにとっての魔法のノート。あなたのこれからの道を示してくれる、カーナビのような存在であり、未来のあなたからのメッセージでもあります。楽しく書き込みながら、夢を叶えた自分からのメッセージを受け取ってくださいね！

【STEP3】ドリームヒプノセラピー®で未来のあなたからメッセージをもらう

まず、ゆっくりとリラックスできる環境を準備してください。座っていても、寝転んでも大丈夫です。

ゆっくり、リラックスしながら、呼吸に意識を向けていきましょう。ただただ、穏やかな気持ちになっていくのを感じていきます。

これから、1年後の未来、「幸せ脳」を育てて、キラキラな周波数で生きていけるようになった1年後のあなた自身からメッセージをもらっていきます。

1年後のあなたはどんな表情をしていますか？ 髪型はどうですか（長くなっている？ 短くなっている？）？ 顔の輪郭は？ 体型は？ どんな洋服を着ていますか？ 靴はどんなものを履いていますか？

★未来のあなたは、今のあなたに何を伝えてくれていますか？

質問例

★どんな風に今の困難を乗り越えましたか？
★今から始めたほうがいいことは何ですか？
★夢が叶ったあなたは、どんな気持ちになっていますか？
★未来のあなたに、今のあなたから宣言できることは？

質問が終わったら、**ここから未来の夢が叶っているあなたと、今現実のあなたを融合させていきます。未来のあなたを今のあなたにしっかりと刻んでいきます。**

このように潜在意識の中で、未来のあなたと対話してメッセージをもらって、最後に「未来の夢が叶ったあなた」と「今のあなた」を融合させ刻み込んでいきます。

もちろんセルフ瞑想で行うことも可能ですが、今回、この本だけの特典として、誘導瞑想動画が見られるQRコードをお付けします（P189）。ぜひリラックスしながら1年後の未来のあなたからのメッセージをもらってくださいね。

未来のあなたと対話できると、明確なビジョンができて、希望に向かって進むことができます。未来のあなたは、今のあなたが直面している困難をすでに乗り越えた存在です。具体的なアドバイスをもらうことで、夢の実現に向けて効果的な行動を取ることができます。ぜひ、素晴らしい効果を感じてみてくださいね。

質問　制限なく望みを叶えられるとしたら、どんな夢を実現したいですか？

まとめ

◆ドリームヒプノセラピー®は、夢を潜在意識にインストールして、夢が叶う未来に連れて行ってくれるツール♡

◆魔法のノート「ドリームノート」を活用して夢やなりたい姿を叶えましょう♡

Chapter 6

夢実現のためのチャレンジ

夢実現の鍵は、習慣化

いよいよ最終章となりました。これまで「幸せ脳」を育てるためにいろいろなことをお伝えしてきました。

その中でもっとも大事なこと、それが「習慣化」つまり「物事を継続する」ということです。

実は、私はこの「継続」がとても苦手でした。そんな私でも、これからお伝えするマインドに切り替えたおかげで、ストレスなく習慣化を手に入れることができました。

「セラピストとして貢献できる自分になる」
「英語をネイティブのように話せるようになる」

「憧れの世界一周旅行にいく」

など、あなたにも、実現したい夢が浮かんできたことと思います。

でも、大きな夢を描くと、「1日や2日で達成できるものではない」ということに気づくはずです。だからこそ、資格取得にチャレンジしたり、周りの人に協力を仰いだりとさまざまな準備が必要になります。逆に言えば、そんなに短期間で叶う夢じゃないからこそ、あなたも人生をかけて「この夢にチャレンジしたい」という強い意志が生まれるのだと思います。

夢には「頑張る」とか「強い意志」というのは、本当は必要ありません。

夢を実現するために大事なこと、それは「習慣化」です。それも、楽しく、モチベーションに左右されずに淡々と続けていくのがオススメです。

小さな〝できる〟を積み重ねよう

たとえば私は、あまり文章を書くのが得意ではないのですが「出版という夢を叶えるために、少しずつでも文章を書く習慣をつけよう」と決めて、「Facebookに毎日必ず1投稿する」を実践することにしました。

投稿し始めた頃は、200文字書くのもやっとでした。

「一体、何を投稿すればいいのかな……」と、悩んだこともありました。

でも、3カ月ほど淡々と続けていくと、投稿する時にスルスルと文章が出てくるようになってきたのです。

文章を書く筋肉を鍛えたイメージですね。筋トレの初心者が最初の日にジムへ行き、重いバーベルを持ち上げようとするのは危険ですよね（笑）。同様に、最初から大きなことをしようとせずにできることからスタートしていきます。

大切なのは「始めること」。一歩一歩「小さなできる」を積み重ねることで、次第に自信もついてきます。

筋トレが続けられる楽しみは、その成果が目に見えてわかることですよね。続けていると、できることが増えて、成長している実感を楽しむこともできます。筋肉は1日にして成らず……ですよね。あなたも「なりたい姿、ありたい姿」に向かって必要な筋トレを始めていきましょう。**コツコツと育ててあげたあなたに必要な筋肉が、素敵な未来を運んできてくれます。**

3日3週間3カ月の「3の法則」で伝えると、脳は、21日（3週間）で書き換えられるといわれています。筋肉を育てるのを楽しむようにまずは21日チャレンジしてみてくださいね。

私のオススメの習慣　感謝行

夢実現のために私が、生徒さんにオススメしている習慣、それが「感謝行」です。

これらはChapter1でも紹介しましたが、その方法を改めてご紹介させていただきます。

・1日にあったことの中で感謝することを3つ書く
・自分を褒めることを3つ書く

具体的な例文もいくつか紹介します。

Thanks letter

感謝の例文

今日も笑顔あふれる1日を過ごすことができましたことに感謝し、ありがとうございます。

元気いっぱいに過ごしてくれたカラダさんに感謝し、ありがとうございます。

ゆっくりした朝を迎えることができましたことに感謝し、ありがとうございます。

いつも見守ってくださるご先祖様、宇宙さん、すべての存在に感謝し、ありがとうございます。

素敵な友達や仲間、家族に支えられていることに感謝し、ありがとうございます。

仕事のわからないことを丁寧に教えてくれた上司に感謝し、ありがとうございます。

私の代わりに夕食作りを手伝ってくれた娘ちゃんに感謝し、ありがとうございます。

Self-respect letter

私、よくやってるね。

私、素晴らしい成長をしているね。

私、かわいいね、最高だね。

私、めっちゃ魅力的だよ。

私、最高に輝いてるね。

私のセンス、抜群だね。

私、すごく頭がいいね。

私の笑顔、本当に素敵だよ。

私、信じられないくらい素晴らしいね。

私、優しすぎるー、ほんとにあたたかいね。

Self-respect letter

自分を褒める例文

朝めっちゃ早く起きられてさすがです、
よくやっているね。
ピンときて動く、直感を大事にできているね、
その調子だよ。
今まで望んでなかったようなことを望むことが
できたね、実現できるね。
余裕を持って早めに行動できた私えらい、
えらすぎだね。
ブログとインスタをサクサクアップすることが
できたね、さすができる子だね。
少し空いた時間に筋トレできたね、
どんどんきれいにナイスバディになってきたね。
今日もいっぱいみんなの良いところを
見つけられたね、素敵だね。

このように小さなことで構いません。毎日の生活の中で、あなた自身を誰よりも一番に認めて、褒めてあげてほしいのです♡

あなた自身が放つエネルギー（周波数）が変わり、整うことで「幸せ脳」がどんどん育っていきます。

量子力学的観点からも「愛と感謝の周波数」を先に出すことで、愛と感謝の出来事がどんどん起こるようになります。

簡単ですが効果絶大の「感謝行・サンクスレター」。ぜひ、あなたも始めてみませんか？　あなたが書いたサンクスレターにより、脳内ホルモンのオキシトシンも分泌され、「幸せ脳」を育てるサポートをしてくれることでしょう。

幸せ脳のレシピを手にとってくれたあなたに

さてここまで読んでいただきありがとうございました。

各Chapterで、「幸せ脳」を作るために必要なマインドやツールを知っていただきました。あなたの「幸せ脳」のタイプを知り、脳に良いライフスタイルと習慣化でこれからさらに「幸せ脳」を育てていただければと思います。

あなたの好きや大切を知っていただき、あなたらしい夢をどんどん叶えてください。そしてあなただけの「幸せ脳」のオリジナルのレシピを作り上げてくだされば、とても嬉しいです。

今、外側の世界ではいろいろなことが起こっています。いたずらに不安や恐怖を煽るような発信もたくさんあるようです。

そんな中、不安や恐怖に取り込まれることなく、**あなた自身の「幸せのレシピ」を作って実践していくのに大切なのは、エネルギーを整えることです。**

どんなエネルギーを発するかによって現象化される出来事は変わります。周りの環境は、あなたのエネルギーを写す鏡です。

だからこそ、外の世界がどんなに吹き荒れようと、あなた自身のエネルギーを整えることがとても大切なのです。

エネルギーの中でも、愛と感謝のエネルギーは最も高周波であると言われています。

「感謝行」や「アファメーション」を習慣化することで、エネルギーを整えるのはもちろん、自然と愛と感謝の周波数で生きることができるのです。

混沌とする世界であっても、あなた自身は、愛と感謝の周波数で生き、「幸せ脳」を育て上げて、それを周りの人に伝播することができたら、やがて世の中が愛の周波数で満たされます。

あなたと世界が幸せであることを、心から祈っています。

まとめ

◆習慣化が大きな夢を運んできます♡
◆あなたらしい夢を描いて、幸せな毎日を送りましょう♡

コラム

神様に告げられた、感謝の輪を広げてほしいという想い

私の実家は鹿児島県。母の誕生日ということで、実家に帰省することにしました。さらに、両親と2泊3日で宮崎の高千穂からスタートし、大分の日田に行く旅行プランを立てていました。

高千穂峡に行き、天岩戸《あまのいわと》神社、天安河原《あまのやすかわら》を巡ると、幣立《へいたて》神宮から素敵なご縁をいただきました。

熊本県山都町。

阿蘇の山のほど近く、九州のおへその辺りに、幣立《へいたて》神宮はあります。

1万5千年も昔からある神社とのことで、神武天皇の孫である健磐龍命《たけいわたつみのみこと》が、この地で幣を立て宇宙から降臨された神々を祀ったことが始まりで、日本最古の神社といわれています。

幣立神宮は、150段の階段を上がり拝殿に向かうのですが、幣立神宮の鳥居写真を撮りながら進んでいると、素敵なご夫婦と顔を合わせました。

途中、母に階段の1／3くらいのところで、「足が痛いから、美沙ちゃんだけ上に上がってお参りしておいでー」と言われたので、途中で母を置いて、ダッシュで階段を上がり、拝殿に参拝をして、御神木にもご挨拶させていただきました。

最近神社で参拝させていただく時には、

「神様、私をお使いください」とお伝えしています。

参拝を終えて階段を降りていたら、先ほどの素敵なご夫妻が、母と一緒にお話ししてくださっていました。

名刺をいただき、いろいろお話ししていると、知覧の特攻隊のミュージカルをやられていて、鹿児島で知覧などを回って幣立神宮にこられたとのことでした。

早速、「Facebookをつなげたら共通の知り合いがなんと30人もいました。その中でも、お互い特にご縁が深かった方が池松耕次さんでした。

ご夫妻と別れたあと、池松さんに「平川ご夫妻と幣立神宮でお会いできました」と伝えたら、

「美沙ちゃん、祇園神社ってところにも足を延ばしておいで！　宮司さんがすごい人だから!!」

とのメッセージをいただいたので、素直に次の日にホテルをチェックアウトしてから祇園神社に参拝に伺ったら、宮司さんらしき方がいらっしゃったのです。

池松さんにすごい人だよって聞いていたので、お話を聞けたらいいなと思って

いたので、迷わず「ある方に紹介されてここにきました(略)」とお伝えしたら「今から祝詞あげるので一緒にあげていきますか?」とお声がけくださり(喜)、両親もご一緒させていただきました。

宮司さんは、祝詞を奉上されるに前に祇園神社の成り立ちのお話やいろいろな不思議なお話を聞かせてくださいました。

宮司さんの奥さまが、狭心症で天に召されそうになったタイミングで神様が助けてくれたお話。

そしてそれ以降、奥さまは神様が見えたり、神様の言葉が聞こえたりするようになったというお話。

神様が、祇園神社の境内で神様サミットを2回開催されたというお話。

高天原《たかまがはら》のお話。

神様たちが、いろいろな会議を開いて人間に気づいてほしいって思っているというお話。

もう地球が限界にきているというお話。

その後に、祝詞をあげさせていただきました。

もうもう泣けてきちゃって、お話し中も、そしてご祈祷中にも、胸に込み上げるものがあってずっと涙していました。

この話を聞くために、ここに呼ばれたんだなと感じずにはいられなかったのです。

今回宮司さんにもらった一番のメッセージは、

「感謝の輪を広げなさい」

ということでした。

ご祈祷の最後に、金幣を振りながら父、母、私、一人ひとりに、
感謝の気持ちを忘れるでないぞ～

導いておるぞ～

と、神様の言葉を伝えてくださり、宮司さんが、その小さな体で、全身全霊で振動を送ってくださったのを感じられたのです。

神様が私に伝えたかった想い。
感謝の輪を広げる。

ぜひ、あなたにも仲間になってほしいのです。
この本で、感謝行のやり方もお伝えしました。

あなたが愛と感謝のエネルギーで幸せに包まれることで、地球を愛の楽園にしていくお役目を一緒に果たしてくれたら嬉しいです。

あとがき

あなたが「幸せ脳」を育てて、幸せでいることは、地球全体が幸せのエネルギーに包まれていく始まりでもあります。

あなたの本質を理解し「幸せ脳」のタイプを知って、どんな時に幸せを感じられるのか認識して、ドリームヒプノセラピー®であなたの望む未来を手に入れてくれたら嬉しいです。

私たちは皆、幸せになるお役目があります。

私が「幸せ脳のレシピ」を手に入れて実践し始めて7年がたちます。

もっとたくさんの人に「幸せ脳のレシピ」を届けて、幸せに生きられる人を増やしたい。そう思い始めたタイミングで、この本を出版させていただけることになりました。

この本を出版するにあたり、サポートしていただいた風の学校主宰ベストセラー作家の山﨑拓巳さん、クローバー出版小川泰史会長、小田実紀編集長、本を出そうよと後押ししてくださった兼平由美子さん、企画書を一緒に作ってくださった秘書の三浦さくらさん、この「幸せ脳」のメソッドを一緒に広めてくださっているプロデューサーの山本クロエさん、一緒に成長してくださっている数秘セラピスト・ドリームヒプノセラピストファミリーのメンバーさん。

執筆中、想いだけはあるけれど、うまく言語化できない私を勇気づけエールを送り続けてくれた編集者の坂本京子さん、本当にありがとうございました。

そして私が私らしく幸せに生きられるよう、愛情たっぷりに育ててくれた両親、章代お姉ちゃん、そして潜在意識の深淵なる世界を教えてくれて、どんな私でも圧倒的に受容し、私らしい幸せの姿を応援し続けてくれた寿代お姉ちゃん、ありがとうございました。

たくさんの人や宇宙にサポートしてもらいながら、この本が出来上がったこと本当に感謝しています。

2024年11月　野元美沙

『幸せ脳のレシピ』読者特典！

瞑想誘導動画の使い方

『幸せ脳のレシピ』を手に取ってくださり、ありがとうございます！
この本を手にしてくださった方限定の瞑想誘導動画をご用意しました。
ぜひ繰り返し聴いて、幸せ脳に変換するためのツールの１つとしてご活用ください！

瞑想誘導動画はこちらから
ダウンロードしてください

効果的な使い方

静かなところでリラックスして聴きましょう
時間はピンときた時ならいつでも大丈夫！
おすすめはα波につながりやすい、寝る前がベスト
（寝ちゃってもオッケー。潜在意識にはバッチリ入っています！）

Q. 瞑想に集中できない！
そんな時はどうすればいいい？

A. 初めはそう感じる方もいるかもしれませんね！まずは、私の声にじっくり耳を傾けてみてください。徐々にイメージが浮かびやすくなってきます。最初は雑念ばかりでも大丈夫です。
何度も聴いて潜在意識に触れる時間を作ることで、どんどんイメージが浮かびやすくなっていきます。そうしながら幸せ脳に、そして夢が叶いやすい体質になっていきます。

— 著者略歴 —

野元 美沙

Nomoto Misa

一般社団法人日本数秘セラピスト協会代表理事、ドリームアカデミー主宰日本メンタルヘルス協会公認カウンセラー

お茶の水女子大学卒業後、大学在学中からモデルやレポーターとして活躍。過度な競争社会の中で摂食障害に苦しむも、カウンセリングとヒプノセラピー（催眠療法）により克服。その経験を通じて、心のケアに対する深い理解を得る。

2008年にヒプノセラピストとして独立し、2011年からは魂の使命の探求を本格化。ニューヨークにてヨガライセンスを取得し、オメガ・インスティチュートでブライアン・ワイス博士による前世療法を習得。心理学、キネシオロジー、西洋占星術など多様な心理療法を学びながら、2017年に数秘術との運命的な再会を果たし、「メッセンジャー」としての使命に目覚める。

2018年には日本数秘セラピスト協会を設立し、これまでに5,000人以上の鑑定セラピーを担当。愛に満ちたきめ細やかなアドバイスと独自メソッドによるセッションが高く評価され、世界的に著名な経営者やミリオンセラー編集者など、多くの著名人のクライアントを持つ。

現在は数秘セラピスト®と夢実現セラピストの育成に注力し、覚醒メソッドや「野元式覚醒3.0」によって、多くの人々が幸せ脳で夢を実現できるようサポートしている。

オフィシャルブログ　Instagram

「夢を叶える体質を創る3大特典」**プレゼント！**

野元美沙公式LINE
『野元式覚醒3.0 無料動画プログラム』に
ぜひ登録してね！

セラピスト活動15年間の集大成となる覚醒メソッドを、ギュギュッと3本の動画に詰め込んだ**『野元式覚醒3.0 無料動画プログラム』**を公式LINEでお届けします♪

開眼・覚醒のキーワードは「第三の眼×超意識×第六感」。

あなたを最高の人生へ導く秘訣がたっぷり詰まった3本の動画で、野元式覚醒3.0の全貌が明らかになります！

さらに3本の動画を視聴することで、他では絶対に手に入らない**「夢を叶える体質を創る3大特典」**もプレゼント！

夢を叶える体質を創る3大特典

❶ ソウルナンバーで知るあなたの覚醒ガイド
❷ 野元式覚醒3.0 オリジナル瞑想音源
❸ あなたの夢が叶う誘導瞑想音源

本来のあなたにつながって
幸せ脳をインストールしましょう！

▼ 登録はこちらから

LINE

※「QRコード」は株式会社デンソーウェーブの登録商標です。

参考文献

絶対幸せになれる「感謝ノート」古宮 昇著　PHP研究所　2020年

ハーバードの人生を変える授業　タル・ベン・シャハー著　大和書房　2015年

「自分発振」で願いを叶える方法　村松大輔著　サンマーク出版　2018年

「遊ぶ人」ほど成功するホントの理由　佐藤富雄著　フォレスト出版　2011年

NATURAL HAPPY　いちばんの幸せが見つかる本　上原愛加著 学研プラス　2013年

脳を最適化すれば能力は2倍になる　脳内物質で仕事の精度と速度を上げる方法　樺沢紫苑著　文響社　2024年

脳からストレスを消す技術　有田秀穂著　サンマーク出版　2008年

月刊『致知』　2019年7月号

科学的「お金」と「幸運」の引き寄せ方　小森圭太著　PHP研究所　2019年

幸せを科学する　心理学からわかったこと　大石繁宏著　新曜社　2009年

装丁・本文デザイン／石濱美希

組版／松本圭司(株)のほん

イラスト／チブカマミ

校正／伊能朋子

編集協力／掛端玲　吉田裕美

Special thanks／野元寿代

編集／坂本京子　小田実紀

1日1分！ 夢が叶うメカニズム

幸せ脳のレシピ

人生を幸せにデザインできる 幸せ脳の作り方

初版1刷発行　2024年11月24日

著　者　野元美沙

発行者　小川泰史

発行所　株式会社Clover出版

〒101-0051　東京都千代田区神田神保町2丁目3番地1

岩波書店アネックスビル LEAGUE神保町301

TEL 03-6910-0605

FAX 03-6910-0606

https://cloverpub.jp

印刷所　日本ハイコム株式会社

ISBN978-4-86734-228-2 C0011